トイアンナ

会社は教えてくれない
キャリアのルール

えらくならずに お金がほしい

大和書房

はじめに

「えらくならずに、お金がほしい」

そう漏らしたのは、私の友人でした。その友人は同期の中でも出世頭。誰よりも覚えめでたく、最年少で管理職になった人でした。そんな人すら出世が嫌だと思っている。これはたいへんなことだぞ……と、冷や汗をかきました。

かくいう私も、会社員時代に同じことを思っていました。新卒で入った会社は激務で、毎日25時まで勤務。土日も同期と集まって仕事をしていました。タクシー代は出なかったので、ときにはオフィスの床で寝ることもありました。激務のあまり、同僚の数が減っていきました。会社のノルマは達成していました。上司はよい人でした。やりがいのある仕事をしているはずなのに、つらかった。

当時の上司たちは、激務を生き抜いた猛者ばかりでした。ランチや部署の飲み会では、過去の苦労話を聞かせてくれました。「つらいときは首を吊る夢を見ていた」「ストレスのあまり、毎晩吐いていた」といった武勇伝を聞きながら、「この給与と労働時間で、えらくなる意味って何だろう?」と疑問を抱いていました。

そして、私は新卒の会社を辞め、いろいろ経験してから今は楽しくはたらいています。

その中で「こういうルールを、会社が教えてくれればよかったのに」と思うことも増えました。たとえば、自分が希望する部署へ行きたいとき、スムーズにことがすすむ根回しの手順。あるいは、心身ともにきついと思ったとき、社内の誰に相談すればいいか。こういったことを、会社の研修では教えてもらえません。何なら、キャリア形成において最も大事な科目とすら言えるのに。

そして、周りには魂をすり減らしてはたらく方がたくさんいます。「うちは労働基準法の治外法権だからさ」と、休日に夕飯を食べながらイヤホンを耳に挿し、会議へ参加する人。週5日間の出張が毎週入っているのに、移動時間は就業時間にカウントされないからと、ぐったりした顔で語る人。中国語が得意なことを買われて入社したのに、強みと何ら関係ない部門に何年間も配属され、すっかりやる気を失った人。こういう人にとっての最適解は「えらくならずに、お金がほしい」になってしまうのです。

それで、私たちのサバイバル術について、真剣に考えてみることにしました。まずは、「組織に裏切られた」と感じなくて済むキャリアのつくり方を。自分の思い通りに仕事を進められて、ノーストレスなまま出世できる道もあるはずだと。というわけで、まずは思い通りにキャリアをつくる方法を、本著では書きました。

ただ、それがどうしてもかなわない環境、時期、人間関係もありますよね。会社に絶望している状態で、えらくなって責任を持てと言われたって嫌なものは嫌でしょう。そこで、会社から目をつけられることなく、それどころか正当な評価をもらいながら「えらくならずに、お金がほしい」を叶える方法も書きました。さあ、この本を読んだら、会社に振り回されるキャリアは終わり。ここからは、自分のキャリアを取り返しましょう！

この本を楽しく読んでいただくためのヒント

本著は章ごとに独立したテーマを扱っています。まずは目次から章のタイトルや見出しをご覧いただき、気になったところから読んでいただいても楽しんでいただけると思います。各章のタイトルはvsを使った二項対立になっており、「今しんどい状況vs未来はこう変えられるよ」の意味をつけています。そして、巻末には付録として「あなたの「はたらく」を楽にする99の質問」をおつけしました。各章の内容を振り返るとともに、キャリア観や自己分析に使っていただけます。

診断コンテンツが好きな方は、まず付録の質問にお答えいただいてから本をご覧いただき、再度同じ質問に答えていただくことで、ご自身の中の変化をより強く感じられるかと思います。

この本を読み始めたときの憂鬱な気持ちが、少しでも晴れますように。

もくじ

1 頑張りすぎて倒れる vs 休みまくって評価される

2 転職か独立するしかない vs たくさんの選択肢を持つ

3 みんな私をわかってくれない VS 私が私を理解する

4 体調不良でリタイア vs 体調不良を織り込んで生きる

5

とりあえず定年まで勤めたい vs 会社組織を中から変える

6

恨んだ上司と同じ怪物になる vs 私が未来を変えていく

7 「誰かに頼る」が下手すぎる vs 「ありがとう」から始めてみる

本書で紹介する個別エピソードは、プライバシーに配慮し、個人が特定されない程度に内容を再構成しています。

1

頑張りすぎて倒れる

vs

休みまくって評価される

倒れるまではたらく人は「無理をしない自分には価値がない」と思っている

私がキャリア形成において失敗したこと1位は、「バイタリティがあること」を売りにしてしまったことです。学生時代からノリと勢いでバイトをこなしてきたため「バイトを3つ掛け持ちしました！」「ときには徹夜ではたらくことも！」と、自分やれます！　コッカラッス！　感を出してしまったのです。

採用担当者がこう主張する人間をどこへ配属させるかは火を見るよりも明らかです。当然ながら、私は最も忙しい部署へ配属されました。それもまた、やりがいがあるから楽しくてついはたらきすぎる。そしてぶっ倒れる。20代はこれの繰り返しでした。

この、「職場に過剰適応する→倒れる→休職を経て転職する」のサイクルを繰り返している方は結構います。特に、自己肯定感が低いタイプに多いと感じます。自分には根源的に価値がないから、はたらくことでしか、価値を提供できないと感じるわけです。

また、学生時代にも無茶を重ねてなんとか人生をやってきた経験があり、「自分は無能だが、努力の量でカバーできる」と誤認しているケースが多いのです。

実際は、そうなりません。なぜなら、**ぶっ倒れるまではたらく方は「自分の強みを伸ばすためでなく、自分の弱みを克服するために努力する」から**です。ギャラップ社の調査では、人が強みを知り、活かすようにすると、7・8%も生産性が高まることがわかっています。逆に、倒れるまではたらくタイプは「苦手なことをカバーしようと無理をしている」ので、生産性が上がらないのです。

たとえば、私は「お局的ポジション」の方と仲良くするのが苦手です。ここからすべて悪口を書きますが、お局ポジションの人は強烈なコンプレックスを抱えていて、そのコンプレックスを同僚で癒やそうとする面がありますよね。ざっくりした言葉でいえば「こじれている人」なので、たとえお局様を褒めても素直に喜んでくれません。

かつて、職場でお局様が「私にばかり仕事が集中してつらい」とたびたびこぼしていたことがありました。その方は社内で唯一の経理担当。会計業務がすべて、彼女へ集まってしまっていたのです。そこで「私は会計の専門的な仕事はできないと思いますが、少しでもお役に立てるよう、簿記を勉強させていただきます」とお声がけしたところ、お局様に激怒されてしまいました。お局様は愚痴っているふりをしていながら、実際には唯一の経理担当である自分に自負を抱いており、他の人間が簿記を勉強してしまうと自分の仕事が奪われると警戒したのです。

もちろん、空気読みが得意な方だったら「そんなこと、言われなくてもわかるでしょ」と思うでしょう。しかし、私はそういうタイプではない。にもかかわらず、「じゃあ、お局タイプがいない職場を探そう」と思わず、なんとかお局様に気に入られようと、努力してしまったのです。結果、お局様の愚痴に寄り添う飲み会へ、週3回参加することとなりました。さすがに多いよ！　そして、ただでさえ裏が読めない人間に、週3の空気読みは不可能だよ！　というわけで当然、ギブアップ。今に至ります。

逆に、その場所で評価されていた方は、そんなに飲み会へ付き合うことも、お局様に気遣うこともありませんでした。わざわざ無礼なことはしていませんでしたが「ほどよい距離」を置けていたのです。そして、お局様へはなるべく仕事を依頼しないようにしていました。「面倒な人にかかわるくらいなら、外注しちゃえ」というわけです。なぜ、私はそうしなかったのだろう……と、振り返れば後悔ばかりです。

「過剰適応している」自覚はありますか

そして、倒れるまではたらく人の多くに「過剰適応している」自覚はありません。むしろ、過剰適応なんてとんでもない！　自分なんてまだまだ努力が足りなくて……と言い出すケースのほうが多いのです。私も周りから「過剰適応して、また倒れるよ」と言われるまで、まさか自分がこのタイプだなんて思ってもみませんでした。

代わりに、過剰適応で倒れるタイプがよく考えているのは、こんなことです。

●職場の〇〇さんに嫌われないよう頑張らなきゃ
●新入りだからすぐに成果を出さないと
●仕事を無理だと断る資格なんて、私にはない
●上司を怒らせてしまったらどうしよう

「自分は職場にいるだけで価値がある」とは思えないため、努力でカバーするしかない。

だから嫌われないように、なんとか評価されるように動いてしまいます。ですから、上司に「もっとこうしてください」と主張することもできませんし、頼まれごとに優先順位をつけることもできません。上司、上司の上司、お局ポジションの人、役職はないけど社歴が長い人、とにかく高圧的なシニア社員などなど、全員の主張を聞こうとしてパンクするのです。

しかも、私みたいにぶっ倒れるタイプは、こうした無理が「ある程度効いた」という成功体験を持っています。学生時代を振り返ると、夏休みの宿題を泣きながら3日で終わらせたり、一夜漬けのテストで最高評価を得たりしたことがある。アルバイトのシフトを入れすぎたのに「気合いでなんとかなっちゃった！」という経験もある。でも、この「なんとかなれー！」は、若くて体力があるときしか、どうにもならない。さらに言えば、苦手な分野はなんともなりません。

なのに、「なんとかなれー！」の呪文に頼っていたら、いつかは倒れます。でも、倒れたのもちょっと悪くないと思ってしまっていませんか。だって、それって自分が本気で頑張った証ですものね。

気合いに頼ると履歴書が荒れる

過剰適応に伴う休職と離職を繰り返すと、最終的には離職数が半端ないことになります。ところが、転職先には困りません。なぜなら、各職場でそれなりに成果を出せてしまっているからです。

「なんかこの人、年齢の割に社数が多いけど、それぞれですごい成果を出してるな」と、採用してもらえちゃう。特に、少子化が進んで人材不足が顕著な今ならそうです。

私に相談してくださった方で、35歳時点で13社目の方がいました。さすがに転職が一般的な外資系出身者でもこの社数はないぞ……と、息をのむと同時に、でも13社も雇ってくれていたわけで、それなりに実績を出してきたのだなあ……と思い直しました。しかも、彼は転職を通じて年収アップも実現しており、13社目での年収は一、二〇〇万円。誰もがうらやむステータスを持っていたのです。

とはいえ、これだけ短期間で転職すると「社内で実績を出した結果、認められて昇進した」経験が皆無となってしまいます。そのため、彼には35歳以降のキャリアを維持するために必須となる、管理職経験のなさがネックとなっていました。13社目でも休職を決めた彼は、このままだとキャリアアップ（と本人が思い込んでいる、過剰適応してぶっ倒れるサイクル）がままならぬと、相談してくださったわけです。

「前も、その前も休職して仕事を辞めていまして……。さすがに体力も減ってきたので、そろそろやり方を変えないとなと思っているんです。それで職種や業界を変えてきたのですが、なかなかしっくりくる職場がなくて」

と、本人は語ってくれました。しかし、原因は倒れるまで努力でカバーせねばならないと思っている部分にあるのであって、業界や職種ではありません。しかも、いろいろな業界を飛び越えたために、履歴書はますます混迷を極めていました。「この人、いったい何をしたくて転職してるんだろう」感が出てしまっていたのです。

この方は、それでも成功事例でしょう。普通の人は、もっと早期に限界を迎えます。早くは学生時代に周りへ気を遣いすぎてぶっ倒れ、休学を選ぶ方も見てきました。たとえば、理系学部のラボなどで「その教授から気に入られないと卒業できないのに、ハラスメントを受けてしまった」といったケースで、たとえば他の教授へ相談する、弁護士を入れて戦う、ハラスメント相談室へ相談するなど、いろいろとやり方はあるのに「自分が努力でカバーしよう」と相手へ合わせ、教授からは気に入られたのに無理がたたって倒れる……といった流れです。

私は新卒の職場で評価こそされていましたが、「このままじゃ死ぬ」と思いましたし、2社目では休職こそしなかったものの、ギリギリの瀬戸際にいました。当時、伴侶の海外転勤へ同行するという体のいい辞めるきっかけがあっただけで、もし居座っていたら休職していたと思います。しかも相談してくれた先ほどの彼のようにそつなく転職できる自信もないので、単なるジョブホッパーとなった可能性はかなり高いのではないでしょうか。

仕事を断れるくらいなら苦労していない

ただ……自分自身もそうだったから言えるのですが、過剰適応を「直す」のは非常に難しいことです。特に「仕事を断るのが怖い病」というのは深刻です。相談してくださった方のなかには「申し訳ございませんが、どうしてもできません」という単語を口に出してみて、と言っただけで顔色が悪くなる方もいます。それを上司へ伝えるシーンを想像するだけで、耐えがたい苦痛を感じるのです。

ちなみに、私もそのタイプで、いっときは「サセ子」と呼ばれていました。「サセ子」は昭和時代に、男の誘いを断れず体の関係を持ってしまう受け身型ビッチを指した蔑称です。私の場合は仕事を断れないサセ子。あまりにも仕事を断れずに引き受けてしまうので、同じ言葉で揶揄されたわけです。

そんな私も、生まれて初めて「今は他の案件があり、この仕事はお引き受けできません」とメールしたことがあります。送信する手が震えました。自分のアイデンティティが崩壊するのではないか、というほどの恐怖を感じました。もしこれで、仕事を二度ともらえなかったらどうしよう。文才があるわけでもないのに、他のライターがいくらでもいるのに、仕事を断る私なんかに連絡してくれる酔狂な編集者なんて、もういないのではないか、と、送った後も不安で眠れぬ夜を過ごしました。

実際には、編集者さんから「そうですか。ではまた次回お願いしますね」とあっさりしたご返信をもらい、翌月別の仕事をいただきました。これがもう、めまいが起きるほどの衝撃だったのです。

「仕事って、断ってもいいんだ……」と。

それくらい、過剰適応を直すことは難しいのです。

はたらくことをやめられないのは、自分と向き合いたくないからでした

ここまで「はたらきすぎない」ことが難しいのは、**努力でカバーしているほうが、自分と向き合わずに済む**からです。過剰適応な自分をなんとかしようと思ったら、「本当は好かれないのが怖い自分。成果を出さなくても、好かれさえすればなんとかなると思いたい気持ち。自分のことを無能だと思っていること」これらすべてと、向き合わねばなりません。

そもそも「嫌われるのが怖いから尽くす」という感情そのものが嫌なものじゃないですか。自分は相手のためを思って行動していると信じたいのに、単に嫌われたくないとおびえているだけだった、という恥ずかしい話なのですから。これを書いているだけで、自分の過去を思い出して暴れたい。

しかも、努力でカバーしている自分を「頑張り屋さんなんだなあ、えへへ」くらいに思っているわけです。その自分を否定したら、自分ってどうなっちゃうの？　まさか「嫌われたくない一心で、無理やり努力しているだけの、本当は怠惰な人間です」ってこと？　こんなの認めたら、もう二度と出社したくなくなりそうですが？

ただ、自分のことを振り返ると、別に勤勉ではないんですよね。家事とか、全然しないし。家には衝動買いした肩こり解消グッズが大量に転がっています。しかも購入した動機が「マッサージ店に行くのがダルいから、行く頻度を減らしたい」というズボラすぎるもの。他にも、私はボランティアを全然しません。むしろボランティアをしたくないがあまりに、寄付でごまかしている節すらあります。罪悪感を金でなんとかしているだけで、どこも頑張り屋じゃない。

仕事も、成果が同じなら人へどんどんお願いしたい。自分の文才を信じていないからこそ、「自分だけで原稿を作る」ことにこだわりません。ひとつ前の書籍『弱者男性1500万人時代』はライターさんをアシスタントに迎えて、漫画家みたいな座組みで書いていました。たぶん、自分のことをもっと信じていて、自分が唯一無二だと思えていたら、自分の本は自分で全部書く！　ってなるはずなのですよ。そして、他のライターさんが往々にしてやるように、一度書いたものを8割書き直すとか、編集者さんの修正指示にショックを受けて、寝込んだりするわけです。ですが、私はそれをしない。だって、根が怠惰ですからね……。

認めるまでは「いやいや、私って結構努力家ですよ⁉」と思っていたのですが、人生をまともに振り返ると、どう考えても頑張り屋ジャンルの人間ではない。まずはこれを、苦しみながら認めるしかないのです。私が激務を選ぶ理由は、仕事を断る勇気がないから。そして、努力でカバーしている体裁を装うことで、嫌われない自分でいたいからです。

過剰適応を直すのではなく「発症しない場所」へ行く

私がじたばたする様子をお見せしたところで、一般論に戻りましょう。過剰適応するタイプは「無理してなんとかする」が自分のキャリアにおける大きな位置を占めてしまっています。だから、そのやり方を捨てられません。これまで成功してきたパターンを捨てろと言われたら、誰だって抵抗したくなるはずです。

ですから、私は「過剰適応をやめよう」とは提案しません。無理なので。

代わりに、**「人として好かれるかどうかを気にしなくても、評価してもらえそうな業務」**を妄想してもらいます。たとえ、「あの人って、いい人だよね」と言われなくても、成果を出しているとみなしてもらえる仕事。仕事を断りまくっても、仕事の依頼がくる業務内容。それを妄想してもらうと、本当に得意な仕事が見えてくるからです。

そんなのないよ……という方には、ぜひ学校生活を思い出してほしいのです。「〇〇ちゃんって、これできてすごいね」と言われたことはありませんか。別に得意科目がなくてもいいのです。提出物を集めるのが得意とか、日直をそつなくこなすとか、夏休みにもちゃんと生き物の世話をしに学校へ行っていたとか。なんなら、私は小学校のとき、編み込みができる子を尊敬していました。手先が不器用なので、三つ編みはできても編み込みができなくて。のちのち、小学校受験では「後ろ手でちょうちょ結びできることが試験に出る」と聞き、小学校受験を経験しなくてよかったと安堵しました。

ささやかなことでもいいのです。周りから「〇〇ができて、すごいよね」と言われたことがあれば、それが自分にとって無理なくできて、評価される仕事です。私の場合は、学生の頃から「感動的に音読する」ことが得意でした。心では何も感じていなくても、壮大な物語調に音読できたのです。

これができた理由は、当時親が寝静まってからこっそり視聴していたケーブルテレビの官能小説朗読コーナーで、情緒的な朗読のやり方を学んだから……という、しょうもなさ全開の理由でした。その番組では「脱ぐことはやりたくないが、売れっ子にはなりたい」グラビアアイドルに官能小説を読ませて、TV出演チャンスをあげよう、という企画がありました。今や普通すぎてエロスも感じない丈のスカートで、ほとんどの出演者は悲しいくらい棒読みで小説を読むわけです。

ところが、たまに「朗読のプロ」みたいな人が出演することがありました。そうすると、まるで電話帳のリストみたいにそっけなかった官能小説が、たちまち文学となるのです。衣擦れの音、蒸れた空気。同じ小説ジャンルで、ここまで印象が変わるのかと衝撃を受け、深夜に朗読の技法を学ばせてもらいました。

と、そんな理由で朗読方法を知った自分は、朗読を得意だとすら思っていませんでしたし、まさか仕事につなげようなんて考えてもみませんでした。しかしながら、これが現在プレゼンや登壇の仕事につながっています。天職って、こういうものです。

楽して褒められる環境で「アンラーニング」を始める

自分が努力でカバーしなくても生きていける安全地帯を見つけたら、ようやく「過剰適応から脱する訓練」を始めます。人事界隈で流行っている言葉に「アンラーニング」というものがありまして、ざっくり言うと、このままじゃ立ち行かなくなるスキルを捨て、新しいスキルを身につけ直すことを指しています。過剰適応で疲弊しているなら、それもアンラーニングしたほうがいいのです。

過剰適応をアンラーニングするには、まず**「自分の感情を言葉にする」**訓練が必要なようです。先ほど私がジタバタしたように、「今、ここで」感じていることを言葉にする。自虐しなくてもいいので、感情を表す訓練をします。そうすると、自分で自分が感じていることを理解でき、過剰適応しづらくなるのです。

そして、感情を言葉にするためには、思い浮かべるよりもメモしたほうがよいとされています。感情をメモし始めても最初は「楽しい、悲しい」といった、シンプルな表現しかできません。それくらい、感情を素直に表すことを恐れ、頑張ってきてしまったからです。

しかし、メモを続けると「近所の犬を最近見かけなくなってさみしい。けれども、夜の遠吠えがうるさかったから、ホッとしてもいる」といった、重層的な感情を表せるようになります。さらに、自分が無意識に抑圧していた、負の感情も認められるようになります。

たとえば「母から電話があった。台風が来ているが家は大丈夫か、心配してくれているのだろう。けれども、私はもういい年齢だ。こんなに不安がる母を見ると、私はまだ自立した一人の人間として、扱ってもらえていない気がする」など。

この「感じたことをメモする」取り組みを、iPhoneで有名なApple社も発見しており、

[ジャーナルが提案する質問の例]

- 最近のモーメントを振り返ってみましょう。
  今週一番の出来事はなんですか?
- いつも考えているとは限らない、
  人生における素晴らしいことについて書いてみましょう。
- 今週1週間のうちに最も記憶に残っていることについて書いてみましょう。
- あなたの人生を最も支援してくれた人にあなたは何を伝えたいですか?
- 最近ひらめいた新しいアイデアを思い出してみましょう。
  どのようにしてその考えに至りましたか?
  どうすればそのための時間を作れそうですか?
- いつも学びたいと思っていることは何ですか?
  今日始めるとしたらどうすればよいですか?

最新のiPhoneでは感情メモ機能として「ジャーナル」が導入されました。アプリが与えてくれる質問に答えるだけで、今日の気持ちを振り返って言語化できるため、非常に楽ちんです。私は普段からタイピングして指が疲れているので、ジャーナルへは音声入力で感じたことを記録しています。それだけでも、単に思い浮かべるより変化があるのを実感します。

仕事を断れない自分を助けてくれたのは医療でした

自分の考えを言語化できると、そのうち仕事で「本当は引き受けたくなかった」とか「できればあの人とは距離を置きたい」といった本音が見えてきます。その本音を認識できるようになってから、ようやく本番です。

私の場合は、臨床心理士、公認心理師といったプロの力を借り、この「断る力」を磨いていきました。具体的には「仕事を断るとき、どんな言葉を使えばいいか」をその人たちに見せてもらい、それを模倣することでロールプレイを行ったわけです。

なにもそこまでしなくても……。と思うかもしれませんが、私にとってはそれくらい「仕事を断る」のが怖いことでした。具体的に何かされると思ったことはありませんが、喉元にナイフを突きつけられるような、大きな不安がつきまとうのです。

その方々から教えてもらったのは、以下の「仕事を断る」テンプレートでした。

仕事を断るテンプレート

1. 申し訳ございません
2. どうしても、○○があり、今はお引き受けできません。
3. 代わりに○○ならできますが、いかがでしょうか。

このテンプレートのポイントは、謝りすぎないことです。倒れるまではたらく人は、最終的に倒れたことで仕事を断っています。しかし、そういうときは「ひたすら謝罪してしまう」のです。しかし、あまりに謝罪しすぎると相手から見て不気味ですし、その謝罪を盾に無理な仕事をさせようとする人から狙われます。

あくまで謝罪はサクッと、一文で。その代わりに代替案を出し、決して100%の「嫌!」を突きつけたわけではない文体にするのです。

そして「代わりに○○ならできますが」と代替案を出すところでは、決して無理をしないこと。本当に「こんな条件ならやってもいいけどな」と思えるものだけにします。たとえば、納期が通常の倍以上あればできるかな……とか、特急料金で3倍の金額をいただければ……といったものです。

私は最初、このテンプレートを使ってお断りするだけでも手が震えて、メールの送信ボタンすら押せませんでした。しかし、一度成功すればあとは大丈夫。この「一度成功する」

ことがとてつもない変化を起こしてくれます。ただ、最初の一回を補助なしでやるのは心理的ハードルが高いと感じる方は、カウンセラーや心理士さんなど、プロの力を借りてほしいと思います。

近年ではオンラインカウンセリングのサービスも増え、1時間5,000円程度でカウンセリングを受けられます。「cotree」「うららか相談室」などの有名サービスで、合いそうな方を検索してみる価値はあります。

私は仕事を断る経験をしてから、逆にお引き受けしたい仕事を優先できるようになりました。そして、お取引先から高い満足度をいただけるようになったのです。自営業なら「嫌われたくない」以上に、目の前の売上が下がるのも怖い。けれども、それ以上に大事なお客様を大事にできると考えたら、今までのサセ子状態は、かえって仲良しのお取引先へ失礼だったなと理解しました。

頑張りすぎる人は、自助グループをやってはならない

また、私が試して大失敗した手法に「自助グループ」があります。あるとき私は、SNSのXで「はたらきすぎを辞められない人、集まって話しませんか」と公に発信しました。すぐに同じ激務仲間で話し合えば、解決策が見つかるのではないかと期待したわけです。すぐに共鳴してくれた8名が集まり、定期的な自助グループを開催することとなりました。

ところがどっこい、この会は大失敗に終わります。お互いがお互いのはたらき方に、悪い意味で感銘を受けてしまったのです。そして、「もっと自分もはたらかなくちゃダメだ！」と、より激務へまい進してしまったのでした。

というのも、自助グループが効果を発揮するのは「もうそのやり方で、にっちもさっちも行かなくなった人」だけ。たとえばアルコール依存でも、誰かが隠れて飲んでいた話を聞きながら「へえ、そうやって隠れて飲めばいいんだ」という観点で情報を得てしまうちは、依存症を治せないわけです。そのため、アルコールや薬物依存の自助グループでは、医師が「この方は本当に自分を変えたい方だ」と判断してから自助グループへいざなうケ

ースが多く見られます。

逆に、はたらきすぎて入院している方や、うつ病で死を考えている方など、「自助ってる場合じゃない」方にも効果は薄いのです。自助グループで意見を共有することで、自分を変える力が残っている程度のパワーがないと、回復どころではないからです。

当時の私はそのあたりを踏まえず「はたらきすぎて倒れるって、つまりは行動への依存症でしょう。ひとまず自助グループで話し合えばいいはずだ」という浅はかな考えで、会を開いてしまったのでした。

もし今後、自助グループを「はたらきすぎ」で開くなら、すでに休職している方など「もう自分を変えないとだめだ」という視点までたどり着いている方に限定するでしょう。とはいえ、はたらきすぎる方はジョブホッパーとなっても、少し前に書いた方のように年収が上がってしまうので、なかなか自分を変えようとまで思えないものなのですが……。

「理想の人」をいったん忘れろ

もうひとつ、過剰適応をアンラーニングするうえで重要だったのが「理想の人」を脳内から滅することでした。キャリアを考える場面では何かと「あなたが理想とする人は誰ですか?」という問いが投げかけられます。そして、理想へ近づくようアクションプランを立てて、実行していこうと提案するのです。

ところが、頑張りすぎて倒れるタイプの人がこれをやると、つい「自分より頑張って成功した人」を理想に掲げてしまいます。たとえば、私なら申真衣《しんまい》さんに憧れてしまいます。申真衣さんは、新卒でゴールドマン・サックスへ行き、最年少でマネージングディレクターに昇進後、独立創業。創業した会社は東証グロース市場へ上場しました。こんな人生と同時並行で、2児の子育てまでやり、雑誌『VERY』のモデルとして美容へも気を配り……。こんなの、誰もがまねできるわけないじゃん。でも、できないからこそ、憧れちゃうものです。

では、私が申真衣さんを目指すなら……死ぬほど努力するしかないと思うのです。そして、本当に死んでしまいます。それでは、理想にした意味がない。

私たちはよく、**自分の弱点を強みとする人間を、理想の人として掲げてしまいます。**たとえば、慎重な人ほど、決断力のあるリーダーへ憧れたり、丁寧に仕事をする方ほど、仕事が早い人をうらやましく思ったり。

けれども、弱みを強みに変えることはできないのです。ですから、理想の人を描いたら、その人間を滅ぼさねばなりません。「私はあの人にはなれないし、ならない」から、キャリアプランは始まるのです。

「理想の人」ではなく「目標の人」をつくる

では、何を基準にキャリアを描けばいいのか。答えは、「自分の強みをもっと活かす人」を探すことから始まります。自分の強みを言語化してくれる診断ツール「ストレングス・ファインダー」によると、私の強みは以下のようです。

1. 社交性
2. 戦略性
3. 分析思考
4. コミュニケーション
5. 活発性

それぞれの解説はストレングス・ファインダーの本『さあ、才能（じぶん）に目覚めよう』に任せるとして、自分の強みを知ってから、それをもっと発揮している人を探します。私なら、私より社交的で、戦略的な考えをしている方を探すのです。私は怠惰なので、「ChatGPTに「これらの強みを持つ有名な女性を教えて」とリクエストしました。すると、ChatGPTにドイツのメルケル元首相、アメリカのテレビ司会者オプラ・ウィンフリーなど、多数の候補者を出してもらえました。こうした方々なら伝記もありますし、Wikipediaにも子細な情報が載っています。

ストレングス・ファインダーに頼らずとも、先ほど挙げた「自分が何も努力せずとも褒められたこと」をChatGPTへインプットし、その強みを活かしたキャリアで活躍されている方をリストアップしてもらうのも手でしょう。私が先に挙げた「朗読が得意」をインプットしたところ、黒柳徹子さん、吉永小百合さん、美輪明宏さんがリストに並びました。

こうした「自分の強みをさらに活かしている方」を目標に置き、同じレベルはまあ無理としても、近づくためのプランを書いてみる。すると、理想の人を目指すよりも現実的な「今からやれること」が出てくるものです。

たとえば、吉永小百合さん、美輪明宏さんに共通するのは「あえてテンポを遅くして話し、相手の心を動かす」技術です。言葉を伝えるときは、わーっと話すよりも、あえてスピードを落としたほうが心に響きやすい。そのやり方を模倣してみると、インパクトのあるスピーチができそうです。

また、黒柳徹子さんは相手へ話を振るタイミングが絶妙です。「それであなた、最近は新しいことを始めたんですって」と、ちょうどいい頃合いで話題を振ります。だからこそゲストは、自分の人生を語りたくなる。こういった技術は、すぐに模倣したくなります。自分に近しい強みを持つ人たちだからこそ、強みを言語化できますし、どう行動すればいいかも分析しやすくなるのです。

このように、自分の強みをさらに輝かせている方を「目標の人」とし、学べるところを学習していく。そうすると、自分を否定して努力しすぎることなく、できる範囲から始められます。昨今の私はYouTubeショートへの出演が多く、とにかく早口で回す出演が増えてしまっていますが、テンポをコントロールしたり、対話を上手に進めたりする技術を磨きつつ、かつての自分をアンラーニングできればと思っています。

この本では、巻末に自分のキャリアを深掘りし、仕事を楽しく変える問いかけを用意しています。自己分析に活用していただくことで、ぜひ仕事への道筋を立ててみてください。

第1章のまとめ

- 自分には能力がないから、努力でカバーしようと考えていると倒れます
- 努力でカバーし続ける人生を続けると、管理職にあがれません
- 努力しなくても評価されることを仕事にすると、仕事が楽しくなります

2

転職か独立する
しかない

VS

たくさんの
選択肢を持つ

いきなり転職したくなる気持ちは、わかる

本当にするかどうかはさておき、「転職したい！」と思ったことは、誰にでもあるんじゃないでしょうか。ＳＮＳには「極貧生活から一発逆転！　今では月商〇千万円！　今月はバリ島で1か月のバカンス」みたいな人があふれています。平常時なら詐欺だろうなとか、実は膨大な借金を抱えているのかも……と思えるものですが、家庭も仕事も荒れていると、そういう視野がビッッッッックリするくらい狭くなるんですよね。

キャリアの話から少し脱線して申し訳ないのですが、私はかつてＤＶの被害を受けていたことがあります。その相手と同居していたわけですが、なぜかそこで「弁護士を入れる」「警察に相談する」とか「黙って引っ越す」という選択肢を思いつけませんでした。「一生添い遂げるか、もう死ぬか」という、デスゲームのような世界観しか描けなかったのです。

当時の私は学生で、アルバイトを5つ掛け持ちしていました。そのお金はすべてＤＶ彼氏の学費と生活費に消えていましたから、経済的な余裕はなし。しかも、その状態で相手はお酒を飲んで暴れるわけです。お互いがお互いの傷をなめ合う共依存関係になっていま

したから、日々の情緒は嵐にもまれる海のよう。この状態では、まともな解決策を思いつけなかったわけです。

日本の正社員で転職率は7・5%（マイナビ2023年調査による）。転職はいまだに珍しい選択肢です。にもかかわらず「転職したい！」と思うなら、精神的に追い詰められているケースが多くなります。会社でえげつないパワハラ・セクハラに遭っていたり、とんでもない常駐先でいじめられていたり。その状態で「冷静な判断をしよう」なんて呑気にアドバイスするほうが無駄というもので、高額な情報商材や投資詐欺、スピリチュアルやマルチ商法などにひっかかった方は、口をそろえて「あのときは心の余裕がなくて」とおっしゃいます。

だからこそ、いきなり転職したくなる気持ちはわかります。ただ、そういうときって、メンタルがそうとう追い詰められている可能性があるのです。ですから、まずは「その他」の選択を考えてみましょう。

上司へ失望する前に知っておくべき「現実」

まずは、上司へ相談する選択肢です。この話をすると、がっかりされますよね。「うちの上司は私がつらいのに何もしてくれない」と。が、上司へ失望しつくす前に知っておいてほしいたったひとつの現実があります。**あなたの上司はおそらく、あなたが苦しんでいることを「全く」知りません！**

「は？　私がこんなに残業しているのに？」

「私がここまで必死で周りの尻ぬぐいをしているのに？」

そうです。あなたが残業していようが、他人のフォローに回っていようが、それが「あなたにとって負担である」ということを、上司は一切知りません。ありがたいなあ、くらいには思ってもらえているかもしれませんが、よもやあなたが嫌で嫌で仕方がないなんてこと、思いもよらないのです。

この本を書くにあたり、何名かの管理職をされている方へ協力してもらって「部下のことを考えた時間」を記録してもらいました。そうしたらなんと、1日のうち部下と接していたり考えていたりした時間は、全労働時間の6%にすぎませんでした。その他の時間は目の前のタスクに追われ、会議に多数出席し、自分の上司のケアをして……と、本人の業務に追われていたのです。

この数字は、私の実感ともマッチします。私はだいたい1日に3～5件会議に出ます。移動時間も含めると業務時間のほとんどが会議か、その準備か、あるいは会議後のフォローアップに費やされます。会議で決まったことをチームに分散して依頼するときだけ、他の方のお仕事を拝見することとなるのです。そのときに初めて、社内チャットツールのログを拝見します。それもざっと読んで要点をつかみ、優先度の高いメッセージに返信するだけで手一杯。発信者が今の業務をどう感じているかを逐一察していたら、過労死してしまいます。

つまり、あなたの業務に目がいっている時間はごく限られているため、あなたが主観的にどう業務をとらえているかについては、「あなた自身の口から聞かされない限り」気づく余地もないのです。

「上司は私のことを理解してくれない」というご相談をいただくたびに、「では、上司に対して **(1)自分の業務がどれほどキャパオーバーになっているか (2)具体的にどの仕事の負荷を減らしてほしいか (3)減らした業務は誰に割り振ってほしいか**をセットで相談しましたか」と聞くと、驚かれます。当人はそれくらいのこと、言わなくてもわかってくれると思っていたからです。

残念ながら、わかってもらえません。そして、業務を減らすなり、変えるなりの解決策も自分で提案せねばなりません。まずは「上司へ直接言っていないことは、伝わっていない」という前提を知ってください。そして、上司に察してもらうことを諦めてください。逆に、きちんと相談さえすれば、あなたの問題は一発で解決するかもしれないのです。

増えている「無謀なフリーランス」

さて、ここから先は上司に相談してもどうにもならなかった方へお配りする武器です。昨今、特に私の周りで増えたな……と感じているのは、「会社を辞めてフリーランスになろうと思っているのですが」と相談してくださる方です。もちろん、悪いわけではありません。と言いますか、私も会社員からフリーランスになって、そのまま法人化したわけですし。ただ、フリーランスになるうえで絶対に失敗する2つの方法がありまして、みなさんキレイにそのルートを選びがちなのです。

ひとつめの失敗は、自分が得意ではない業務でフリーランスを始めること。フリーランスとは、自分の能力を売って生計を立てるスキルです。つまり、能力や実績がない者を売っても、誰も買ってくれません。特にWebデザイナーとライターは未経験者かつ、その領域が得意でない方がデビューするケースが多くあります。

「デザイナー／ライターは能力より営業力が大事！　私も小学校のとき、国語や美術の成績はひどいものでしたが、今では年収○万円！」といった売り文句の情報商材が多数あるせいかもしれません。フリーランスは営業〝も〟できないと生活できないだけで、能力がいらないわけではありません。また、苦手なものを頑張るよりも、長所を伸ばしたほうが成功しやすいことは第1章でも述べました。というわけで、**フリーランスになって苦手なジャンルで一攫千金を狙うのは無謀としか言いようがありません。**

ふたつめのよくある失敗は、価格競争が激しいジャンルへ飛び込むことです。多くの人が参加していて、どんどん安価で自分のスキルをたたき売りする分野の副業を始めると、とんでもない価格設定ではたらかされてしまいます。たとえば、ライターでは1文字0.3円などという、最低賃金の観点から見てアウトなのではないかという価格での依頼がよくあります。私の知る限り、最も筆が早い作家は〈物語〉シリーズで有名な西尾維新《にしおいしん》さんですが、その西尾さんでも1日2万文字。文字単価0・3円だったら日給6，000円と、東京都の最低賃金を割ってしまいます。

もちろん西尾維新さんの場合は、高い報酬をもらっていると思います。西尾さんのようにトップスターでない方でも、競争が激しいジャンルで高い原稿料をもらえる方には、それなりの理由があるわけです。たとえば、ライターなら固定ファンがいて絶対に読んでもらえるとか、医師やFPなどの専門性が高い資格を有しているとか、6時間以内に取材記事を納品できる……といった条件がある。言い換えれば、ライターもデザイナーも、未経験でお金をもらいやすいジャンルではない、というわけです。動画制作、アフィリエイト、手作りアクセサリー販売といった、誰もが参加しているジャンルで勝つなら、突出した何かが必要です。

私の周りでもいきなり大手企業を辞めてフリーランスや事業を始め、痛い目を見ている人を多数拝見しています。一番よくあるのは、飲食店を開業するケースです。料理上手な方と飲食の店主になれる方は、根本的に必要な能力が異なります。飲食店のしんどさの本質は「ほぼ同じメニューを、同じ味で提供し続けること」「決められた日に必ず店を開けること」「原価を考え、コストダウンしつづけること」にあります。この3つは、趣味で料理が得意な方には全く想定されない苦労です。

たとえば「やりたいときにやって、不定休にします」では、Web予約システムも使えません。そうなると、SNSで個別にやりとりするか、ふらっとやってきて入れる方だけ入るシステムになります。そこまでしてお店に来たいと言えるほどの味と接客力を多くの人が持っているかというと、かなり難しいでしょう。

副業をやりすぎて、離婚に至った事例も知っています。ある方は、副業でせどりを始めました。せどりとは、安く買ったものをよそで高く売ることを意味します。よく、中華系ECサイトで売られている商品がAmazonで高値取引されているのは、せどりをする人が多いからです。

このせどりは、見かけの売上は高いものの、利益率はごく一部。月商百万円でも、粗利《あらり》が20万円なんてケースもザラです。在庫を家に置くとかさばりますし、取引連絡や発送手続きなど、事務作業が多いのも特徴です。

その方は「せどりで資産1億！」といった言葉に押されて副業を始めましたが、事務手続きの多さにプライベートの時間が壊滅。さらに、ライバルも似た商品を転売しているため、なかなか売上につながりませんでした。結果、「お金も稼いでないのに、家事も育児もしてくれない」と、別居からの離婚を突きつけられました。

仕事とプライベートに心が押しつぶされそうなとき、将来が不安なとき……。スクールに通うだけで始められるジャンルで独立したくなるのはわかります。しかし、実際フリーランスをやった身としても、そしてフリーランス育成に携わった経験からも、**「自分の専門性を活かす市場を見極めてからフリーランスになる」**ことを強くおすすめします。

転職・独立組は大きなリスクを取っているのか

とはいえ、世の中でスイスイと転職し、待遇をどんどん改善できている方もいますよね。いきなり独立開業して、うまくいっている方もいます。こういった方々は会社員から見ると「リスクを取って成功した人」に見えます。けれども、そうとは限らないのです。

実は、起業で成功する方の理由には「親の資産」が絡んでいるという論文があります。親が金持ちだと、初期投資を親からもらえます。さらに、人脈も親から紹介してもらえるでしょう。大口の取引先から「うちの子が最近こんな事業を始めまして……」と言われたら、「じゃあ、初回だけでも発注してみようか」となるのが世の常です。そして、当然ながらこんな理由で取引先を手にしたことを、当人は語りません。はたから見ると「起業して間もない人が、あんな大手企業から案件を受注してる！」となるわけです。

また、私のように起業を経験している人間が親族にいると、決算のやり方、融資の申請方法、おすすめの助成金、人材採用のポイントなど、継承できる知識も多数あります。そのため、親の裕福さや経験は本人の起業成功率へ大きくかかわるのです。

転職でも似たような事象が起こりえます。たとえば、親が外資系企業に勤めており、転職でステップアップすることが常識とされる世界で生きていたら、その価値観を子供は学びます。また、周囲に転職経験者が多数いれば話を聞けますし、何よりリファラル採用のチャンスが巡ってきます。

リファラル採用とは、広義の縁故採用のこと。つまり、前職などで一緒だった方を自社へ誘い、面接を受けてもらう採用形式です。外資系企業ではリファラル採用が一般化しており、リファラル経由で実際に採用された場合は、従業員へのキャッシュバックがあるケースもあります。採用する企業も「あの人、前職で優秀な方だよ」という社員のつてを使って優秀な人材をヘッドハントできるため、一般公募するより効率的というわけです。

と、一言に転職・起業といっても、難易度には大きな差があります。自分が経験したこともない分野へ借金で踏み出すのと、親族や周囲のつてを使って動くのとは、手漕ぎボートとクルーザーくらい、話は違うのではないでしょうか。

世の中にいる転職や起業で成功されている方が、どれくらい「本人の力だけ」でのし上がったかはわかりませんし、また、周りへ頼るのが別に悪いことでもありません。ある武器は全部使うのが、キャリア構築のセオリーですから。とはいえ、そういう成功例を目にして「自分もああなれるはず」と思うのは、ちょっと待ってね、ということです。

「仕事を辞めたい」とき、リスクが低い選択肢はこれだ

ここまでさんざんダメ出しをしてきましたが、では「仕事を辞めたいとき」の回答として何が適切なのでしょうか。

まず検討してほしいのは、休職することです。「え、休職?」と思いますよね。それって、病んだ人がするやつでしょ？　と。けれどもね、私は聞きたいんですよ。**どうして「自分は病んでない」と思っていたのでしょうか……？**

ほとんどの方は、適応障害や鬱病のチェックリストを見たことがないのではないでしょうか？　品川メンタルクリニックのホームページに掲載されている「精神科・心療内科の

受診を迷われている方へ　目安となる症状とは?」というコラムによると、受診を考える目安となる症状に以下のような例が挙げられています。

●なかなか眠れない
●途中で目が覚めてしまう
●気分が落ち込む
●不安が大きくて苦しい
●好きなことでもやる気がおきない
●何をするのもおっくうに感じる
●食欲がない
●食事がおいしくない
●悪い考えが止まらない
●仕事や会話などに集中できない
●死にたいと思ってしまう

この他にも個人的には「ストレス発散のために無茶な食べ方をしてしまう」「お酒の量が

いきなり増えた／減った」「スーパーやコンビニの店員さんが粗相をしたくらいでイラっとしてしまう」「ダルすぎてシャワーを浴びる気が起きない」といった症状があれば、医師へ相談するようにしています。

今でも「精神科へ行ったら、薬に依存させられるんでしょ?」という方がいらっしゃるのですが、精神薬＝依存というのは、懐かしい考え方です。かつては依存性のあるお薬も処方されていましたが、あまりに患者が乱用するので規制され、よほどのことがない限り処方されなくなりました。私など、その依存性の高いお薬が肩こりに効く薬だったもので、処方されなくなって別の意味で悲しんでおります。

もちろん、精神科も病院によって合う・合わないがありますし、中にはとんでもない医者もいます。ただ、それは内科でも泌尿器科でもすごいキャラの人がいるのと同じです。

真面目な話、診断名が下る最大のリスクは「病名によっては生命保険に入りづらくなる」「住宅ローンをいざというとき免除してもらえる団信に入りづらくなる」の2点です。この2点は確かに悩ましいところですが、たとえば「死にたいと思ってしまう」状況があるとして、生命保険がうんぬんとか言っている場合じゃない、とは思いませんか。食べられない、眠れない、お風呂へまともに入れない。死にたい。その状況で「生命保険に入れなくなったらどうしよう」と言っている場合じゃない。生命保険へ加入する前に、死ぬような目に遭ったら意味ないでしょ。休職に抵抗があるなら、まずは有給休暇の消化から始めませんか。

大手企業や公務員だと、休職できる期間が長かったり、復帰や転職をしても出世に影響がなかったりするケースもあります。実際、私が知っている方は鬱で休職してから、なんと大手企業の取締役になりました。転職の面接で「休職していましたか?」と質問してくる面接官はほぼいませんし、問われない限りは申告義務もありません。「辞めたい」と強く思うほど追い詰められているのなら、「まずは、休んでほしい」というのがメッセージです。

特に、この本を読んでくださるような頑張り屋さんは「私が抜けたら、業務量で職場が崩壊しちゃう」と言いがちです。ところが、そんなケースはほとんどありません。休職前に引き継ぎデータを全部爆破したならまだしも、人が抜けても職場は回ります。スティーブ・ジョブズが亡くなってもApple社は健在です。まさか……われわれがスティーブ・ジョブズよりも重要でかけがえのない人材だと⁉

かつて私が在籍していたP&Gで、めちゃくちゃ人が抜けていく中でも仕事が回っていた経験から自信を持って申し上げます。万が一、あなたが抜けて崩壊する職場があったとして、それは属人性に頼った組織の責任です。辞めたいと思う人間が、気にかけてあげる必要はありません。

心に余裕があるなら、まずは「ゆる副業」から考える

さて、「そこまで精神的に追い詰められてはいません！」という方なら、まずは心に余裕を持つため、ゆるい副業を考えていただければと思います。ゆるい副業とは、週に1日だけはたらくような副業です。「副業で初月から大金を稼ぐ！」というのは夢こそあれど、実際には激務の道となります。「本業と副業で合わせて月300時間はたらいて稼いだとして、それって幸せなんだっけ？」という視点を持ってください。もちろん、それで幸せな人はぞんぶんにやってほしいですが。

そして、週1副業で回るお仕事というのは、ずばり「自分がこれまでに培った専門性を活かした仕事」です。たとえば、私がこれまでにアドバイスさせていただいた方で、しっかり稼ぎながら短時間の副業で済んでいるタイプには、以下の方がいらっしゃいます。

●介護士の経験から、オンラインで親の介護に悩む方の相談に乗る
●美容師として家から出られない方を訪問してヘアケアを行う

●経理担当だった経験を活かしてスタートアップ企業の経理を代行
●秘書経験を活かし、漫画家さんの事務アシスタントを請け負う
●家電量販店ではたらいた知識を活かし、新居の家電を提案する
●中学受験の講師をした経験をもとに、転職希望者の試験対策指導を行う
●営業の経験をもとに、セールスレター（DM）を代筆して送る

どれも、前職や現職の経験を活かしたお仕事です。こういったお仕事はライバルが少なく、独り勝ちになりやすい傾向があります。しかも、経験を積めば単価アップを交渉しやすくなります。CMで流れている「ココナラ」のような有名なスキルマッチングサービスだけでなく、こういったスペシャリストを求めるマッチングサイトも増えています。

「いやいや、私には／俺には無理だよ」

と、言いたくなるかもしれません。本業でうだつの上がらない自分が、副業でスキルを売るなんて……と。しかし、経理や営業といった経験は、明らかに未経験者が「何もわからん」となる分野です。あなたにとっては「こんなことも知らないの？」ということが平気で起こりえます。つまり、あなたが得意なことで、生きていけるのです。

まずは、自分の友人へ「こんなアドバイスを引き受けるサービスを始めてみようかな

……」と相談してみましょう。もし周りに需要があれば、そのままお仕事につながるはずです。まずは知人からでもいいので、お客様を得てみませんか。

いま持っているスキルセットが、自分にとって吐き気を催すほど苦手なジャンルであれば、さすがに無理強いはしません。しかし、特に経験もないままデザイナーや占い師、動画編集者になるよりも、よほどお金になるのは確かです。

とてもキツいことを書きますが、**「稼げていない仕事」は趣味にすぎません。**まずは稼いでから、好きなことで専門知識を学び、いずれ仕事にしていくのもよいのではないでしょうか。

副業禁止でも、はたらける裏技

ただ、公務員など一部の職種では、副業が禁止されていますよね。そのため、転職前にスキルを積みたくても断念せざるをえない……というご相談をよくいただきました。実は、公務員こそ執筆業で生きていくべきかもしれません。というのも、公務員で例外的に認められやすいのが「物書き」のお仕事だからです。労働時間などに制限はありますので、まずは申請する必要があります。しかし、公務員だからといってすべての副業を諦める必要はないのです。

よく、副業禁止の起業でこっそり副業をするなら、住民税でバレないようにこうしろ、というガイドブックを見かけます。確かにそうですが、ハッキリ言って面倒です。それよりは、「○月までに必ず退職してやる」と心に決めて、それまでタダで受注して経験を積んだほうがお得かもしれません。

副業は「本業以外で継続的にはたらいてお金を得ること」と定義されます。つまり、お金をもらわなければ副業に当たらないわけです。というわけで、私はいっとき自分への謝礼額をすべて取引先から他へ寄付してもらうことで、副業「ではない」条件ではたらきました。完全な無報酬だと搾取されやすくなるため、寄付に使ってもらったのです。法人は寄付控除で節税できますし、こちらは経験を積みながら着々と転職の準備ができるしで、一石二鳥。もし寄付したい活動や団体が決まっているのなら、おすすめの考え方です。

とはいえ……無償労働を長期的にやっていると馬鹿らしくなってくるので、寄付労働は短期決戦のプロジェクトでお引き受けするのがおすすめです。また、今後の経歴に活きるような活動をする場合に限ります。たとえば、全く別の職種へ転職したいけれど一切経験がない場合、寄付労働で経験を積んで、職務経歴書の自己ＰＲ欄に書けば採用されやすくなります。あくまで自分にとって合理的なメリットがある場合のみ、活動するようにしましょう。

ちなみに、こういったチャレンジをさせてくれやすい起業はベンチャーに限ります。ぜひ、ベンチャー特化型の求人を探して問い合わせてみましょう。ひねくれた考えかもしれませんが、求人ページに「この案件はボランティアです」とか「無謝礼で募集しています」と記載があった場合、私はお引き受けしません。なぜなら、そういったケースではタダで人をこき使ったあげく、ろくに業務へのフィードバックをもらえず経験として活かせないケースが多いからです。

異動でキャリアを延命しよう

また、部署が多数あるような大手企業にいるのならば、まずは異動願いを出すのも手です。といっても、いきなり「異動したいです！」と申請したところで、希望は通らないもの。基本的に、イレギュラーな異動には根回しが必要です。特に、異動を受け入れていただける側に「ぜひ採りたい」と思ってもらえなければ、拒否されて終わり。根回しこそ異動のすべて、とすらいえます。

根回しのポイントですが、まずは建設的な意見をくれる、社内政治でも中立な方へ相談しましょう。よく誤解されるのですが、根回しを「偉い人順」にするのはだめです。というのも、偉い人というのは周りの体面を確認してから物事を決めるタイプであるケースは多く、まずは**「偉い人が誰のメンツを気にするか」**を調べなければならないからです。

1．中立的な方へ相談して、異動を決める権限を持つ偉い人が、誰のメンツを気にするか調べる

2. その偉い人が気にするキーパーソンへ根回しを行う
3. キーパーソンへの根回しが済んでいることを踏まえ、偉い人へアプローチする

この順番でやりとりしましょう。特に、これまで仲良しだったわけでもない上役への直談判は悪手です。偉い人からすれば、遠い関係にあるあなたよりも、自分の部下をまず守ってあげなければなりませんし、そのまま異動を承認したら周りの体面が丸つぶれです。偉い人というのは、周りから支持されているから偉い人なのであって、周囲の信頼を損ねればただのお飾りになってしまいます。だからこそ、「すでに○○さんにはご相談済みで」という状況を固めてからでなければ、アプローチしてはならないのです。

上司を倒すなら用意周到に

特に、上司を飛ばして偉い人へ業務を相談したいときというのは、えてして上司が敵になっている状況ですよね。しかし、上司をスキップして上の上へ掛け合うとき、偉い人が

考えるのは「いや、あなたの上司を昇進させたのは私だからね。あなたの上司のメンツをつぶしたら、部下から嫌われて、仕事が停滞しちゃうよ」ということです。

それでもエスカレーション（外資用語：偉い人へ問題を提起すること）をしたいなら、上司に問題があるという証拠をこれでもかと集めることです。録音、メールの履歴、議事録。かたっぱしから集めてください。ハラスメントの証拠として提示できるレベルのものが望ましいです。つまり、偉い人へ「どうしてもご相談を聞いてもらえないなら、データを全部人事に送りますね」と言えてしまう状態まで準備するのです。

また、上司の問題を相談するうえで大事なポイントは多勢で挑むこと。自分だけで訴えても「ああ、あなたと上司さんって相性が悪いんだね」で片付けられてしまい、変化は起こせません。**絶対に周りと結託してください。**文字通り偉い人の首を討ち取った赤穂浪士なんて、47人でスクラム組んだんですよ。最低3人は集まらないで、どうして上司を倒せましょうか。基本的に、下っ端というのは無力です。しかし、集団になることで勝ち目は見えてきます。全員で徹底的に、証拠を洗い出しましょう。

特に、「普段から偉い人と仲良しなんで！」と思っている方ほど要注意です。その偉い人は、あなたのことを仲良しだと思っていますか？　本当に？　たとえばその方の子供の家庭教師まで引き受けているとか、恋愛相談に乗っているレベルならまだわかります。ちょっと褒められたことがあるとか、お茶したことがあるくらいで「仲良し」判定をしないで！ください！

さらにさらに、偉い人へ話すときは「上司が気に入りません！」なんていう、小学生の学級会みたいな言い方をしないでください。聞き手は「上司が嫌いだからって、どうすればええんや」となります。そうではなく「このようなエビデンスがあり、部署のメンバー全員が困っている。このままでは○人が退職するリスクがある。そこで上司を異動させ、代わりにこういった組織図にして運営したい」まで描かないといけません。

しかも、その組織図を作るうえで、偉い人の体面をつぶさない方法を考えてあげねばいけません。かわいい平社員が陳情すれば、自分より何倍も賢いはずのお上が裁きを下してくれよう！　なんて、ありえないのです。あーめんど。というわけで、多くの人は上司を他部署へかっ飛ばすくらいなら、転職を選ぶわけです。

ちなみに、最悪なのは偉い人がこの「周囲の体面をつぶしてはならない原則」を理解しておらず、あなたひとりの訴えを真に受けて大岡裁きで上司をコテンパンにしてしまうケースです。これをやってしまうと、偉い人の部下になりたい中間管理職がいなくなります。「いざというときに後ろから刺してくるお偉方の部下に、誰がなりたいですか？」という話で。そうなると、遅かれ早かれその部署はなくなります。トップと平社員だけじゃ、何もできませんから。これは、本物の組織崩壊が見たいならどうぞ……という選択肢です。

正直に言うとね、1回くらい見たい。そうね、3キロくらい遠くから、双眼鏡で。

年収は努力で決まらない

さて、大事なことを書いておきます。どんなに努力して成果を出したって、お勤め先の給与設定が低いなら、給与は上がりません。なぜかこの世には「年収はその人が培った努力の証」という迷信が流布していますが、努力で給与が上がるなら、上場企業の社長ズの年収はとっくに1億になっていないとおかしいんですよ。

給与を決めるファクターとして最も大きなものは業界です。投資銀行や総合商社は年収が高く、ウエディングや介護、アパレル業界は年収が低い。これはもう、どうしようもない事実です。どんなにウエディング業界でトップの成果を出す方がいても、投資銀行の平均的な総合職社員より給与は低いでしょう。

「年収を上げるための努力をしないなら、それは能力がないのと同じだ」と言ってのける方がたまにいますが、そういう方に限って年収が……この話はやめましょう。なにしろ、人には得意と不得意があります。そして、偶然高年収になりやすい業界を得意とする方が、高年収になる世界なのです。

もっと言えば、高学歴な親のもとでは、子供は高学歴になりやすい傾向があります。そして、高学歴であればあるほど、年収は上がります。つまり、生まれでわれわれの年収はある程度制限されてしまうのです。もちろん例外はいるでしょう。しかし、それはあくまで「例外」であり、世界は不平等なものなのです。

そうした残酷な世の中においても、われわれにできることはあります。それは、自分の強みを活かすこと。そして、自分の強みを評価してくれる場所を選ぶことです。このあたりは、同じP&G出身の森岡毅《もりおかつよし》さんが書いた『苦しかったときの話をしようか』にも書かれていたので、アメリカ系外資にいた者に共通するスピリットなのかもしれません。この世は理不尽であり、不幸である。しかし、不幸から脱しようとするか、悲劇の中で泣き続けるかは、自分で選べるのです。

転職でも副業でもいい。自分の環境を変えましょう。

エフォートレス転職活動のすすめ

とはいえ、いきなり「休職だ！　転職活動だ！　副業だ！」と頑張りすぎたら、やっぱり倒れてしまいます。そこでチャレンジしてほしいのが、ゆる〜い転職活動です。ここはおしゃれに、エフォートレス転職活動とでも言っておきます。

転職活動には、たとえば求人をとりあえず眺めてみるとか、転職エージェントとオンライン面談をしてみて「私の年収って相場からみてどうですかね？」と確認するといった、とりあえず……で始められるものがあります。転職エージェントにはノルマがあるので短期間の転職をせかしてきますが、今ある求人がベストかはわかりません。また、市場の不景気・好景気と、転職市場の状況は少し時期がずれるものです。病んでいないなら、慌てて転職する必要もないでしょう。

逆に「転職はちょっと……」という方も、ぜひエージェントにコンタクトしてみてください。なぜなら、自分がずいぶん会社に買いたたかれていたことに、気づけるかもしれないからです。世間で年収８００万円が相場の業務内容で、社格も同じくらいなのに年収

500万円だったら、ちょっと考えてみたくもなるじゃないですか。

大切なのは、**可能性を消さないこと。**転職するかもしれないし、しないかもしれない。副業をする可能性もあるし、ちょっと見てみるか。こういう「選択肢のドアを開けておく」行為ができれば、いざというときに動けます。

この本では基本的に「自分が転職や副業をどうするか」という、主体が自分だけの話をしています。しかし、どこかのタイミングで会社がなくなるかもしれないのです。倒産した会社の平均寿命は約24年（2021年）。多くの会社が従業員の定年を迎える前に消えてしまうのです。特に最近は、高齢化に伴い事業継承が難しい時代。黒字だからと安心していたら、後継者不足で会社をたたみます……なんて未来も考えなくてはなりません。そういうとき、あらかじめ自分の可能性を知っていれば俊敏に動けます。今すぐではなく、いつかの自分を守るためにも、たくさんの情報を得ておきましょう。

第2章のまとめ

- 「もう辞めたい」と思ったらまずは病んでいないかチェックしよう
- 倒れるくらいなら、休む
- 副業やフリーランスを選ぶなら自分がすでに持っているスキルを売ろう
- 「私がいないと職場が崩壊してしまう」なんてことはない
- 異動するなら根回しがすべて
- 上司を討ち取るなら仲間を集めてエビデンス集めから
- 年収は努力で決まらないが、環境を変えれば上がる

3

みんな私を
わかってくれない

VS

私が
私を理解する

自分がどれほど有能で、無能かわかるタイミング

人生で初めてはたらいたときを思い出してみてください。

「できなかったらどうしよう」

と、不安を抱きつつも、ちょっとワクワクしながら社会に飛び込んでいったと思います。そこからはたらいてみて、会社組織には向かないのでは？　と思うのが20代、管理職にはなれないのか……と気づかされるのが30代、それでも忠義を尽くしてきた会社から、左遷などで裏切られるのが40代。自分ができる側なのか、そうではないのか……。社内における待遇差で、次第に輪郭がはっきりします。

Amazon、P&Gをはじめとするアメリカ系の外資系企業はある意味親切です。成果はすべて数字で判断され、下位の人間にはPIPといわれる、実質的な戦力外通告が下されます。一度PIPに入ったら脱するのは困難となるため、大多数は転職を選びます。しかも、PIPは最短で入社半年程度で下ります。つまり、自社のキャリアへ早々に見切りをつけて別の会社で活躍したり、独立したりするチャンスが訪れるわけです。

いっぽう、「日本の伝統的企業」の英語略からＪＴＣと呼ばれる、いわゆる古きよき大手企業は、なかなか戦力外通告をしてくれません。どんなにできない人でも、課長まではあげてやろう、という企業が多数あります。ところが、担当が資料整理や小さな支店など、社内でも重要度の低いとされる分野ばかりだったり、部下をつけてもらえず、名ばかり課長だったりする。そういう経験を経て、自分は主要ルートから外されたのだと気づかされるはずです。

２０１０年のデータによると、日本企業で課長になる標準年齢は39歳。ここで自分だけ部下がいなかったり、戦力外の分野に就かされたりして「無能側と思っていたんですね」とわかる。初めての戦力外通告にしては、あまりにも遅いのです。

と、いわゆる「決着」をつけられる前にも、わかることはありますよね。たとえば、徐々に仕事を減らされていく。あるいは、重要度が低い仕事ばかり任されていく。重要度が低い仕事とは、会社の売上に直接関係がなく、納期も明確に決まっておらず、それでも誰かがやらねばならない仕事です。

これらの仕事を頼まれるうちはまだいいほうで、下手をすれば何も仕事がもらえない方すらいます。「この人に頼むと、仕事がかえって増えるから、何も頼まないでおこう」という扱いになったパターンです。こうなると、ソリティアとWikipediaをやるか、自己研鑽のために業務に関する図書でも自腹で読むか……となります。優秀だと思われていないと、研鑽費用も出ない。つらいものです。

私は「できない側」としてのたうち回った

私は1社目でも2社目でも、自分の仕事のできなさに打ちひしがれました。1社目は新卒ゆえの未熟さや、まだプロジェクトの全容を理解できていなかったうちに上司や私より後に入ったキャリア採用の後輩が異動しまくっていたなどの言い訳がきくのですが、2社目で「できない」自分を認めることが本当につらくてたまりませんでした。上司からこの本に載せたら全文黒塗りになるような差別用語で詰められて驚愕しつつも、できない側であることは事実ですから、ぐうの音も出ませんでした。

特に、1社目と2社目では、「優秀な人」の定義が大きく異なったため、1社目のやり方が一切通用せずに苦しみました。

1社目では、

●すべてを言語化して仕事の目的を明確にせよ
●気遣いは暇人のやること。売上・利益を上げる仕事を優先しろ
●上司にいちいち質問せず自走してから困難を上司へ相談しろ

というスタイルでした。

2社目ではこれが真逆となり、

●プロジェクトの目的は言語にせずともお互い察し合うべし
●全方面に気配りをすることで好感度を高めて仕事せよ
●関係各所に細かく確認を取り、安全な進め方がわかったら手を付けろ

という評価軸になったのです。

1社目でやれば褒められたことが、すべて叱られる原因になる。これにはクラクラしました。たとえば、ある提案書を作るにあたって、まずはたたき台を作ってからフィードバックをもらおうと思った私は、提案書の草稿を作って上司へ見せました。ところが、上司から「こんなレベルの提案書を出すなんて！　なぜ事前に作り方を相談しないの？」と言

われ、フィードバックをもらうこともなく、全部上司に巻き取られました。ちなみに、1社目で提案書のたたき台を作らずお伺いを立てたら「自分の頭を使わずになぜ上司に頼ろうとするの？　だったら最初から上司が作れば早くない？　あなたの存在する価値は何？」と詰められます。

そう、**企業によって「何が正しいか」は全く異なる**のです。そして、「どんな人が優秀か」の定義も異なります。1社目でのたうち回って成果を出せるようになり、自信満々で転職したら文化が真逆な2社目でまた這いつくばることになった私は、当時の家にあった自己啓発書を捨てました。だって、作者の言う「できる人間」の定義が社風に合わなかったら、もうどうしようもないもん！

その後、フリーランスになった私は、常駐案件にちょくちょく入ります。スタートアップ企業から大企業まで、多数の企業文化を拝見してわかったことは「企業や部署の文化によって人はトップアスリートから落ちこぼれにまでなれる。大体の人の有能・無能は、この相性によって起きる」というものでした。

「どうしようもないほどできない人」が生まれるわけ

もちろん、どの部署に配属したところでどうしようもない人はいます。この「どうしようもない人」がなぜ生まれるかというと、「仕事ができないけれど、辞められない」状態が長く続くからです。たとえば、ある方が部署A、B、Cを渡り歩き、運の悪いことにどこでも合わない方だったとします。そこで、部署Dへ行けば輝く才能を発揮できる方もいるのですが、3回も「できない」扱いを受けた人が、そうはなかなか思えないものです。

しかし、年齢的にも30代。結婚していてお子さんもいると、辞めるまでのふんぎりがつきません。もし大手企業に勤めていたら、パートナーから「今は辞めないでよ。評価で年収は変わらないんだし、勤続年数が長いうちじゃないと、住宅ローンの審査も通らないんだから」と、ストップがかかることもあるでしょう。

そして、できない人は重要な仕事から外されますから、転職したくても職務経歴書に書ける実績が減っていきます。ところが、年功序列で年収は少しずつ上がっていく。こうして「仕事ができないうえに、辞められない」人が誕生します。この状態で自分を改善しよう、成長させようと思える人がいたら、むしろ超人だと思います。普通はやる気もなくなるでしょう。

また、「どうしようもない人」が生まれるのには別の事情もあります。たとえば、派遣社員から正社員になった方の場合、派遣時代に求められていた成果と、正社員で求められていた成果が全く異なることに面食らうケースがあります。

派遣を経験されたことのない方は採用事情を知らないケースがあるので書いておきますと、そもそも派遣社員を面接で選考することは法律で禁止されています。なぜなら、派遣社員を雇っているのは派遣元であり、そこから送り込まれる社員を受け入れ側が「自社の適性」で選んではいけないからです。したがって「WordとExcelが使えて、パソコンでメールが打てる方」といった条件で派遣会社へ人材の選定を依頼し、社員を送り込んでもらうことになります。

とある常駐先で、ある女性が円形脱毛症になるまで追い詰められていた現場を見たことがあります。その女性は「なぜ、受付や事務の女性は何をしても褒められて、自分は厳しいフィードバックを受けるのか」と差別待遇に苦しんでいました。しかし、この話にはからくりがあります。実は、この会社の受付と事務は全員派遣社員だったのです。派遣社員へ厳しいフィードバックをして育てたとしても、彼女たちは長くいてくれる前提の人材ではありません。もし派遣された人材に問題があるなら、契約期間を更新しないだけでいい。つまり、その会社には派遣社員を育てる理由がなかったのです。

そして、その会社は差別を防ぐため、誰が派遣社員で、誰が正社員かを社内で明確に知らせていませんでした。そのため、正社員の女性が「あの子たちはなぜかひいきされて、かわいがられている」と誤解するに至ったのです。それほどまでに、派遣社員と正社員に求められる基準は異なります。これは、良い悪いや優劣ではなく、職位の差によるジャンルの違いという意味です。

逆に、「派遣社員として優秀だった」という状況は、正社員としていきなりバリバリはたらけることを意味しません。なぜなら、周囲も「正社員として育てよう」とは考えていなかったからです。そのため、正社員になったとたんに厳しいフィードバックを受けまくり、メンタルを病んでしまう方がいます。ときにはそれを「派遣あがりの正社員だからいじめられた」と認識される方もいます。もちろんひどい会社では、そういう事例もあるでしょう。ただ、正社員の同僚は、みな同じように育てられている可能性もあるわけです。

また、派遣社員に面接ができないということは、能力だけでなく企業文化との適正も見られていないこととなります。しかも、正社員雇用に切り替わるチャンスは「その部署の上司が、派遣さんを気に入っていたから」といった理由で訪れることが多いものです。となると、正社員登用してから企業文化とのミスマッチが見つかり、本人も会社も苦労するケースが見られます。こればかりは、派遣という仕組みが悪い。

ここでは派遣から正社員になる事例を挙げましたが、同様のケースは、平社員から管理職にあがるときにも起こりえます。現場で活躍する社員と管理職では、求められる技能が全く異なるからです。にもかかわらず、現場で優秀な人が管理職になる。すると、どうあがいても成果を出せない管理職が生まれることもあるわけです。本人は努力して認められたと思っていたのに成果が出ない、周りもその管理職があまりにもマネージャーとして適性がないと苦しむ。こういった構図があります。

いずれも、「派遣社員と正社員、そして管理職、役員では評価軸が全く異なる」という前提があるにもかかわらず、それを口に出すと角が立つので隠してきた、事なかれ主義の弊害といえるでしょう。**職位のステップアップはゴールではなく、険しい道の入り口にすぎません。それを自覚させずに職位を与え、いきなり現実を知らしめるから病むのです。**

「名ばかり成果主義」がやる気を奪う

また、年功序列は消えつつある……というのは神話で、いまだに多くの企業が年功序列を残しています。よく、優秀な派遣さんを正社員登用できず悩む部署の話が出てきますが、これは給与テーブルが年齢で決まっており、40代の派遣さんだとそれだけで年収が高くなってしまい、部署の予算を超えてしまうからなのです。

また、ある企業では、成果主義を導入しようと、前年度の成果を上司が見てA、B、Cをつけることになっていました。しかし、ほとんどの上司がCを誰にもつけていませんでした。Cをつけることに罪悪感があるうえに、Cをつけたとバレたら恨まれると考えたからです。

そこで、その企業では「下位○割の成果の人間には必ずCをつけよ」と、割合でAからCの成果を定めました。その結果、扶養家族を持つ人はCが有意につかない……というデータが出ました。なぜなら、上司が「あいつには家庭もあるから、Cがついて年収が下がったらかわいそうだからな……」と手心を加えてしまったからです。実はこの配慮が独身を不利に扱う差別となっているわけですが、そのことには誰も気づきませんでした。

このように、差別は善意からも生まれます。職場における女性差別もよく「女性が営業で取引先のパワハラに遭ったらかわいそう」とか「産後に復帰したての女性が激務の部署へ行くのは申し訳ない」といった善意から生まれます。その配置転換を本人へ確認することなく、勝手な情けをかけてしまうのです。

ですが、こうした扱いを受けた側はどう思うでしょうか。自分がどう頑張っても、成果にはつながらないし、どうせ出世しないんだ、と考えるでしょう。そして、やる気をそがれてしまう。この方も、「もうできない側でいいや」「定時で必ず帰ります。それでも待遇は変わらないし」と、業務を半ば投げてしまっていました。

その他にも「時短勤務の方がフルタイムの方と同じ成果を出したのに、時短だからと評価を最低ランクにされた」「明らかにできる人も、出る杭になってはいけないからという謎の理由でみんなと同じ評価だった」など、成果主義の皮をかぶった謎の評価軸でおとしめられ、やる気を失っています。

やる気を失った当初は「やればできる人」なのですが、この状態で10年も過ごしてみれば……できない人の完成です。たとえば２０１０年から、２０２０年までさぼり倒した人がいたとしましょう。その10年には、こんな出来事がありました。

[2010年から2020年までにインターネット周辺で起きた変化]

2010年	日経新聞 電子版創刊、ネットゲームで課金モデルが登場、Microsoft Bing登場、Twitter（X）の人気アップ
2011年	東日本大震災に伴う復旧対応にインフラ各社が追われる、FC2ブログとアメーバブログが人気
2012年	2人に1人がSNSを使う時代、トップのSNSはmixi、続いてFacebook、SNSへのアクセスはパソコン経由が最多、ガチャを規制する業界団体「JASGA」の発足
2013年	NTTドコモがiPhoneの販売へ参入
2014年	IoTブーム、マイナンバー関連の法案可決、LINEが人口の過半数へ普及
2015年	電子書籍の市場規模が拡大、キュレーションメディアブーム、個人情報保護法の改正
2016年	ニュースメディア「BuzzFeed JAPAN」創刊、LINE MUSICのヒット
2017年	ブロックチェーンの登場、LINEモバイルのサービス開始、家庭用VR機器やAlexaの躍進
2018年	仮想通貨ブーム、スマートスピーカーブーム、Netflixや Abemaの躍進
2019年	キャッシュレス決済の導入増加、VTuberの登場、5G徐々に開始、サイバー攻撃がニュースになる
2020年	サブスクリプションブーム、低軌道衛星通信システムの登場、ディープフェイク問題

インターネット白書編集委員会編『インターネット白書』
2011年～2021年版を参考に筆者が作成。

この10年を適当に過ごすと、XもInstagramも使わず、いまだに紙で新聞をとり、マイナンバーを本人確認書類として考えず、キャッシュレス決済に対応していない人間が爆誕します。こんな人材はECショップの運営担当はもちろんのこと、広報、営業、人事、経理、マーケティング部門にはいてほしくないはず。

極端なたとえになりましたが、実際にこういう課題は多々ありまして……。たとえば、「産休と育休をセットで取り続け、10年ブランクがあいてしまった女性社員が復帰するときに、どうする?」と議論になるわけです。10年前はバリバリのできる人だったとしても、介護や育児でキャリアが破壊されてしまう。それは、本人の選択だったとしても大きな損失です。

さて、ここまでの内容をまとめると、「できない」と評価される側には、以下の事情があります。

- ●自分の強みと会社が求める業務内容がかみ合わない
- ●できないと言われ続けたので、やる気を失っている
- ●社内で成果と反する待遇を受け、モチベーションを失っている
- ●育休や介護などでブランクがあいた結果、今の業務に追いつけない

ここでしていただきたいのは**「自分ができない理由」を、自分の人格と一度切り離してほしい**、ということです。あなたにとって仕事ができないのは、「〇〇という事情があったからだ」という表現で、自分を表現してください。なぜなら「私はできない人間だ、なぜならダメな人間だからだ／やる気がないから」では、自分を責めるスパイラルに陥ってしまうだけで、改善のしようがないからです。

「私の仕事ができないのは、業務内容と私の強みが、真逆の方向性にあるからだ」
「私ができないと評価されるのは、やる気を失う経験があったからだ」
「私がいま仕事ができないのは、これまでの成功体験がブランクで失われた状況があるからだ」

方向性、経験、状況といった言葉で、自分の人格と「できなさ」を切り分けてください。切り分けたものは、改善できます。そして、ここからは「できない自分」との戦いを終結させ、自分ができる側に回り、なんだか自分のことも好きになって、はたらくのも楽しくなってきた！　と思うための、転換を提案していきたいと思います。

だってそれ言われてない vs 言わないでもわかってよ

マネージャーになると、部下や後輩に対してよくこう思います。

「こんなこと、言わなくてもわかってよ！」

ところが。このマネージャーだって、自分が新米だった頃は「こんなこと、言われてないんだからわかるわけないだろ！」と、何度もぼやいたはずなのです。

どうして部下の気持ちがわかるはずの上司が、いつのまに部下へイラっとする理解のない上司になってしまうのかはP.172で解説するとして、本章では周りから「こんなこと常識でしょ」と怒られてきた、仕事ができないと思うしかないわれわれの身の置き場について考えます。

こんな文章を書いているくらいですから、私も上司に「こんなことを言わないとわからないの？」と言われた経験が一度や二度ではありません。そのたびに「申し訳ございません、こんなことも言われないとわからないポンコツで……」などと逐一反省するとすぐ病んでしまうので、反省しつつも内心「お前の説明不足を部下に押し付けるなよ！」とオラつき返すことで、メンタルを維持していました。

一度脳内で謙虚さと傲慢さを戦わせてから、折衷案ともいえる「すみません、どのような質問の仕方をすれば、その常識は身につくでしょうか……?」を唇から発するわけです。ただ、こういう質問をしてもこの手の上司は100%「仕事への愛が足りない」とか「センスの問題」といった、改善しようのないフィードバックをよこしてくるので、再度心中で「だ、か、ら〜!!」とイラつくはめになるのでした。

じゃあ……と思ったわけです。改めて自分が、他の方へ発注させていただくにあたり「言わないでもそれはわかってよ」と思った経験はどれほどあるのかと。そこで、イラっとするたびにメモを取ってみました。個人情報を編集したうえで、事例を掲載します。

Case 1　具体的なタスク内容の理解の不一致

☞ 何を「言わずにわかってほしい」と思ったのか

仕事を依頼したときに、その仕事に含まれる細かなタスクを理解してほしかった

たとえば、「プロジェクトの進行と予算管理」を任された場合、その業務にはクライアントさんからの依頼があった時点で「納期と予算がどれくらいかかりそうか」を社内の各所に確認し、クライアントさんへ返信してほしかった。誰に聞いたらいいかわからないなら、それはそれでかまわないので私へ相談してほしかった。

☜どうしてもらえていたら、円満に解決したのか

プロジェクトの進行と予算管理を依頼された時点で、「たとえばこういうケースでは、誰が行動するのでしょうか?」と確認してもらえていたら、問題なく業務内容を明確にできていたと思う。

Case 2　前提条件の理解の不一致

☜何を「言わずにわかってほしい」と思ったのか

何をしたらクライアントに対し失礼と見られるかをわかっていてほしかった

あるプロジェクトの予算管理を任されたにもかかわらず、当初の予算からどんどん追加費用を計上した方がいた。まるでクライアントを打ち出の小槌のように扱っているとしか思えず、「予算はもう決まっているので、その中でどう工夫するかを依頼したいです」とお伝えしたところ、「予算内で工夫してほしいなら、それを考えるために私の工数を追加請求したい」と言われガクっときた。だから、予算は決まっていて明示されているのだから、ご自分の工数を追加請求したいなら「ではどこを削るか」を話さないといけないのですってば……と。

☜ **どうしてもらえていたら、円満に解決したのか**

予算が時に増えることは仕方ないので、「それが最後の手段であり、通常はクライアントへ一度出した見積もりをたびたびこちらの都合で覆してはならない」ことを前提に、交渉を考えたり他の部分でコストカット案を出してもらえていれば、私も「だったらこういうコストは下げられるかも」と建設的に提案できたと思う。

Case 3　業務発生の背景理解の不一致

☜ 何を「言わずにわかってほしい」と思ったのか

なぜ仕事を依頼しているか、理由をくんだうえで要望を出してほしかった

私の業務を切り分けて支援してほしいと依頼したところ、「引き受けるので毎日

1時間、私の人生相談に乗ってほしい」と言われ脱力した。私は多忙だから、業務を外注しているにもかかわらず、なぜ多大な工数を追加してくるのか……と思ってしまった。

☜ **どうしてもらえていたら、円満に解決したのか**

これが、「週に1時間の人生相談」なら全然問題なかったと思う。私がお金を支払って依頼する以上のコストをサービスとして要求されたので、不当な要求だと感じてしまった。

と、管理する側の目線から見ると、こちらの怒りももっともだ、と思えてしまうのですが……。実際に私の依頼を受けた側は、明らかに困惑していたわけです。難しいのは、私とのやりとりで初回から全く問題なく「わかってよ」の部分をわかってくださる方も半数以上いることで、「わからないほうが悪い」という考えが私にもはびこっていたことです。

ただ、こうした事例を並べてみると、**(1)やる目的　(2)発生する実務の全体像　(3)やったら失礼なこと**の3つがわかっていれば、もめないのだと見えてきました。であれば、この3点をあらかじめ私も聞いてしまえばいいわけです。

(1)やる目的を確認する質問

「非常に基本的な質問で申し訳ないのですが、このご相談を通じて何を達成されたいと思っていますか?」

「この件の目的は、消費者である20代男性からの問い合わせを増やしたい、という理解であっておりますでしょうか」

(2)発生する実務の全体像を確認する質問

「今のところ、業務にはこのような内容が含まれると考えておりますが、認識に相違があれば○日までにご教示ください」

「たとえばこのプロジェクトでは、最悪のケースとして○○がありうると思います。こういった場合、誰が担当者となるのでしょうか?」

(3)やったら失礼なことを確認する質問

「この件で、たとえば先に承認された予算から値下がりしたご請求書をお送りするのは、どれくらいお手間になりますでしょうか」

「予算や納期がどうしても間に合わないと判断した場合や、成果物の仕様が変わりそうなときはまず、どなたにご相談させていただくとよろしいでしょうか」
「クライアントさん／取引先／上司にとって、避けてほしい事態にはどのようなものがございますか？」

で、実際につつがなく進んだプロジェクトでは、この3点が網羅されていたのでした。そうか、「これくらいわかってよ」の源泉はこれか……。慣れない業務では特にこの3つがわからなくなってしまうので、あらかじめ聞いておくべきだなと腑に落ちました。

学校で生きづらい人間は、職場で生きづらいよね

では、なぜ最初から「つつがなく進行」できる人間と、そうではない私がいるのか。その答えは、学生時代から始まっているような気がします。学生時代から、私は正解がわからないまま、とりあえず気合いで突っ走ることですべてを片付けてきました。起業、バイ

トの掛け持ちなど、パッと見て輝かしい経歴はガッツだけで生まれていたのです。

しかし、ここで「もっと効率的に仕事を進められるのでは?」と考えた方は、まず全体像を把握しようと試みたり、ワーストケースを知ろうとしたり……といったことを、先生や先輩に相談しつつ経験してきていました。彼ら・彼女らからすれば、社会人としての経験は学生で経験したあれこれの延長線上にあります。だからこそ、上司の「これくらいわかってよ」を、わかってあげられたのです。

ただ……上司と最初からツーカーになるって、かなりの人生上級者だと思うのです。真面目に言われたことだけを頑張ってきた人にもできないし、気合いと根性で人生を乗り越えてきた人にも無理。困ったら適切なタイミングと、適切な距離感で頼る訓練を積んできた人間にしか、できない芸当じゃないですか。

ってことはつまり、小学校時代に友達との距離感がつかめなくてクラスで浮きかけたことか、中学でいじめられた経験なんかが、巡り巡って社会人生活でも足を引っ張るわけ……!? と、なるわけです。実際、論文でも幼少期にいじめを経験すると、その後の社会適応に課題が出やすいという調査があり、それってもう運命の問題じゃん……と、ガックリくるわけです。

さらに言えば、ＡＤＨＤ（注意欠如・多動症）、ＡＳＤ（自閉症スペクトラム障害）を抱える子供はいじめられやすくなる調査結果もあるのですが、これらは脳の作りの疾患です。つまり、生まれたときから社会人になったときの生きやすさというのは、ある程度規定されてしまっているわけだ。配られたカードが悪い、解散！

ただ、P．66にも書いた通り、人生は理不尽です。そして、いかに手元のカードがぱっとしなくても、ここからどう采配するかだけは自分で決められます。だからこそ、「苦手なことはしない人生」「得意なことに注力できる人生」を歩んでほしいのです。

社内政治が得意な人、という人種になりたかった

と、前段で言っておきながら、空気が読めない私としては、「社内政治が得意な人種だったらなあ～！」と願うことがよくあります。私はそもそも、社内の人間が権益を奪い合う構図が苦手で、その空気を浴びるだけで逃げ出したくなるクチです。特に、部署を超えて協調さえすれば成果を出せることが明らかであるにもかかわらず、「同僚のA部長には不幸であってほしい」という理由であえて嫌がらせをするタイプの管理職を見るとウエ～

っとなります。お前、会社組織ってのは利益をあげないと死ぬって知ってんのかよ？　お前のやってることのせいで、会社がどれだけ損失を被ってるか考えたことある？　と。それでモヤモヤして、肝心の自分がどうふるまうのがベストかを考えられず、全員へ平等にペコペコして穏やかに嫌われていく……というのが私のよくある落ちぶれ方でした。

ところが、社内政治が得意な方から見れば、これらはすべて「自分が勝つまでの道が全部見えているオセロ」くらいに思えているわけです。このタイプから話を聞くと、このギスギスした空気に侵されない毒耐性を持っています。そのうえで、自分が「誰につくと最も守ってもらえて、出世できるか」をさっさと見定め、その人を最優先するわけです。えっ、賢い。

第1章でも登場したストレングス・ファインダーをはじめとする各種性格診断では、社内政治の向き・不向きを生来の特性ととらえる傾向があります。たとえば、私が一番詳しい性格診断の「エニアグラム」では人を9タイプに分け、うち1つのタイプを「社内政治が得意な方」としています。この性格は5歳頃に決まるとされ、生涯変わりません。したがって、息をするように社内政治が把握できる人と、そもそもそんなルールがあることを知るのがかなり後になる人で分かれているのです。

ですから、社内政治が苦手だからといって「有能／無能」カテゴリで分断するのはやめましょう。そういうのが得意な特性と、そうでない方がいるだけです。そして、苦手なタイプにもある程度は社内政治をハックするルールがあり、われわれはそのルールを知るのが遅かっただけなのです。

もし、エニアグラムに興味がわいたら、まずは鈴木 秀子著『9つの性格 エニアグラムで見つかる「本当の自分」と最良の人間関係』をご覧ください。いわゆる社内政治が得意な方をどう褒めれば気分よく自分を同じ傘に入れて守ってもらえるか、攻略法がわかるはずです。

すぐに始められる「ゆる社内政治」はぜひやるべき

さて、社内政治というと、高度な情報戦のように見えます。が、実際に社内政治が得意な方から話を聞いてみると、もっとシンプルなルールで動いているようです。特に、社内政治はどっぷり浸かる人から、ちょっとだけやっておく人まで濃淡が激しく、このうち最低限でもやっておけばひとまず孤立しづらいことがわかりました。

そこで、この本では社内政治が苦手な方も、とりあえず最低限の「ゆる社内政治」はやりませんか？　という提案をしたいと思います。というのも、**社内政治を一切しないとすぐに孤立する**からです。いかに特殊技能があろうが、資格を持っていようが、人は社会的動物。愛嬌がよく、素直そうな人材がいればそちらを大事にします。空気が読めないパーソンでも、ゆるい社内政治はやっておかないと、社内のキャリア生命にかかわるのです。

社内政治はそういった意味で「やる・やらない」の選択肢がある業務ではないかもしれません。「ちょっとやる、普通にやる、ガチでやる」しかないのです。この社会で少しも社内政治をやらないで生きていくのは、都心で電気も水道もひかず暮らすレベルのストイックなゲームです。

ただ、ゆる社内政治はそこまでつらくありません。察するのがとことん苦手な私でも、なんとかできたレベルです。その実態を知ってもらうためにも、まずは社内政治を3段階に分けて解説したいと思います。

●社内政治レベル1…ゆる社内政治

社内で嫌われないことに焦点を置く社内政治。人事評価がA・B・Cに分かれているならば、とりあえず「嫌われて最低評価のCをつけられない」ことに気を配るのが主な目的。空気を読むのが苦手な方や、チームワークと聞くだけでうんざりするタイプにおすすめのレベル。

●社内政治レベル2…スタンダード社内政治

社内で「まあまあ」の位置づけを狙う政治。社内でそつない評価を得るレベル。このレベルなら専門技能がなくても社内で生き残れる。ワークライフバランスを維持しながら社内のポジションを維持したい方におすすめ。

●社内政治レベル3…プロ社内政治

自分の希望する異動を即かなえたり、役員から引き抜かれるほどの人事評価を得たい方の社内政治。飲み会や社員との個人的な付き合いが増えるためプライベートはやや犠牲になるが、やりたい仕事をやりたいように任せてもらえる。

社内政治レベル1：ゆる社内政治

社内政治の基礎は「何をするか」ではなく「何をしないか」で決まります。なぜなら、社内政治に失敗する方は、絶対にやってはいけない地雷を踏みぬくことで、評価を下げているからです。過去の私がやらかした、「こいつ、社内政治をわかってないな」というふるまいの例を見てみましょう。

社内政治でやってはいけないことの例と、その理由

Case 1　役員からのハラスメントに悩んだとき、上長へ相談した

役員からのハラスメントを吹き飛ばせるのは、人事部か「役員のさらに上役」しかいません。そこで自分の上長へ相談しても、権力がない中間管理職を悩ませてしまうだけです。相談相手を間違えているうえ、上司からも「面倒な人材」だと思われてしまうリスクがあります。

Case 2　会社の進め方に違和感を抱いたとき、他部署の部長へ最初に相談した

業務について自分の上司をスキップして他部署の方へ相談するのは、上司への裏切りに等しい行為です。まずは形式だけでも上司に相談したという履歴を残したほうがいいでしょう。そのうえで解決しないなら初めて他部署にも相談すべきだったのです。また、他部署の上司へは「これは私の上長には言わないでいただきたいのですが……」と、内密に相談したほうが望ましいのです。

Case 3　会議で根本的な議論に異論を挟んだ

会議で扱われるテーマは、多くの場合事前打ち合わせでまとまっています。会議は根回しが済んだ後の確認作業なのです。ですから、会議で異論を挟むのは遅すぎるうえ「あいつ、空気読めないな」判定を一発で食らいます。どうしても会議の中で気になることがあれば、後から上司に「さっきの会議のあれですけど……もしかして、〇〇というリスクがあったりしないでしょうか」と相談しておくべきでしょう。

Case 4 同僚の悪口を言う社員と飲んだとき、同調して盛り上がった

同僚の悪口をさかんに言う社員は、まともな管理職からマークされています。その社員がいるせいで、周りのモチベーションが下がるからです。その悪口社員に同調しすぎると、自分まで似たタイプだと誤解されてしまいます。協調性を発揮する相手は、厳選すべきだったのです。

では、なぜこのような失敗をしてしまうのか。

そもそも、社内政治が苦手な私タイプの方は「誰かにつく」という概念が希薄な方が多いように思います。「自分を守ってくれそうな人」というのも、考えたことがないかもしれません。よく言えば同僚をフラットに見ていて、悪く言えば個別の人間としてとらえていないのです。

社内政治とはまず、個々の人物の相関関係を描くところから始まります。漫画キャラクターの相関図のようなものですね。そのうえで、図へ誰に権力が集中しているかという、比重を加算していきます。そして、権力者と仲良くする方法を考える。この、社内政治が得意な方が息をするようにできていることが、苦手側からすれば書かれないとわからない。

ここに、能力の絶望的な差があるのを感じます。

ただ、こうしてロードマップを読んだからには、われわれにだって社内政治が「できる」と思うのです。

1. 社内の管理職以上の人間関係マップを描く
2. 持っている権力を10段階評価で各メンバーへつける
3. 最もスコアが高い人間の好みを列挙する
4. 最もスコアが高い人間の好みに合わせた行動を取る

これだけで、人生は信じられないほど簡単になります。営業職ではよく、「社内で決定権を持つ人間を大事にせよ」と言われます。決定権と予算がない相手へいくらアプローチしても、お仕事をもらえないからです。しかし、営業未経験だと、この学びを持っていません。社内で予算と決定権を持つのは誰か？　という権力のスコアをつける。これがまずは、社内政治のルールを把握するスタートラインです。

また、社内政治が苦手な方ほど、「相手の足を引っ張りたがる人間は、どうせ出世しない」という公平な世界を信じたくなりますが、そんなことはありません。どんなクソ・オブ・

クソだって出世しています。ゲームのルールを否定しても、不戦敗するだけです。

さらに、社内政治へ積極的にかかわりたくないなら「社内でトラブルが起きてもとりあえずぐっとこらえて、感情的な反応をしないように心がける」「噂話を聞いたら〝そんなことがあるんですね〟と聞き手にだけ回り、同調してのちのち共犯関係にされないよう気を付ける」の2点を押さえるだけでも、非常に生きやすくなります。

とはいえ、そもそも「うっかり発言」を防げるなら苦労してないよ！　という声もあると思います。わかる。そこでおすすめな方法が2つあります。

ひとつ目は、「目で感情を出す」訓練です。今まではびっくりするとそれが手にも顔にも表れていたと思うのですが、それを目だけで「ぎょっ」とやる。これなら、なんとか目を伏せることでごまかせます。

ふたつ目は、リフレージングです。リフレージングとは、相手の言葉をそのまま言い返す会話術です。たとえば、「○○さんって、絶対整形だよね」という、どうしようもない悪口を言う社員がいたとします。そこで、「そうなんですか、○○さんって、整形なんですかね」と返すのです。そのまま。リフレージングはカウンセラーがよく使う手法ですが、これをやるだけで相手は話を聞いてくれたと感じますし、どんどん一人でしゃべってくれます。自分のモヤモヤする思いは、そのあと日記帳に書きなぐったらいいのです。とにかく、悪口を言いふらす社員の前では自分の意見を出さないことを徹底します。

先ほどの「○○さんって、絶対整形だよね」は、私が実際に就職してからとある会社で聞いた悪口でした。もうびっくりですよね。悪口のレベルが小学生か？ 社会人になって何度も驚かされるのは、この世には案外職場でも感情的に話す人間が多いという事実です。だって、高校や大学の教室でいきなり怒鳴りながら大号泣する人って普通はいないし、弁護士や親をつれて押しかけてくるクラスメイトもいないじゃありませんか、たぶん。ですが、会社組織という場所にはそういう人が紛れ込んでいて、こういった「わ、わー!!」と焦るトラブルを巻き起こすのです。

誰かが真横でキレてパソコンをぶん投げようが、外で労働組合が拡声器を使って自社を批判していようが、顔はスンッ……としておく。これだけで、人生はかなり楽になります。内心は「わ、わー!!」のままで構いませんから、ひとまず表情筋を死なせて、目だけでぎょっとしておくのです。

社内政治レベル2：スタンダード社内政治

とはいえ、この世には社内政治を業務の9割ととらえている人種がおり、こういう方にはどうしても勝てません。それでも最低限の人間関係は維持しておきたい。「A評価は狙えなくても、あわよくばBでお願いします」そういう方へ向けた「期間限定で済む社内政治」が、スタンダード社内政治です。

いわゆる大手の人事部門では、評価制度を明文化しています。評価軸は大きく2つあり、**（1）社の利益や売上に貢献したかどうか　（2）社の人間関係をよくしたか**、です。特に社内政治を苦手とするタイプは、後者をおろそかにしがちです。

そこで、人事評価が行われる1〜2か月前だけ、決定権を持つ方や評価者へ気を配る方法があります。普段は人間関係を全く気にしない人間が、急に優しくなる。しかも、人事評価と決算期はかぶりやすいので、周りは忙しくて言動が荒くなる時期です。この状況が掛け合わさると、「周りは荒っぽくなっているのに、自分だけはいい人」という状況が生まれます。

不良が捨て猫を拾っただけで「いい人」扱いされるのと同じく、人事評価が上がりやすい。人事評価は加点式なので、よほどのやらかしがない限りはこれで回復できるのです。そして、私たち個人が「よほどのやらかし」だと思っていることも、この時期のリカバリで「あの人、いい意味で変わったよね」と案外なんとかなります。今からでも遅くはありません。

また、人事評価では360度評価といって、部下や同僚からのフィードバックもあわせて開示されることが増えます。この内容はよほどひどい内容でない限り、そのまま本人が受け取ることとなります。そして、いかに工夫しようが、句読点の打ち方や使っている言葉で、誰が書いたかはバレるものです。したがって、いかに360度評価といっても、同僚で結託して相手をつぶす気がない限りは「褒める」の一択となります。360度評価ごときで本音をもらす人間は、社内政治においてお呼びではないということとなります。

さらに、ゴマすりというのは「直接褒める」といやらしいので、「上司のおかげで○○が円滑に進んで助かる」といった話を、周囲の人にばらまくほうが大切です。上司へはどうせ伝わるので、「あいつ、いいやつだな」となります。逆に上司へ「今日もおしゃれですね」なんて言うのは、いかに本心でもあからさますぎて怪しまれるのでやめておきましょう。人間ってつくづく、面倒ですね。

社内政治レベル3：プロ社内政治

最後に、社内政治の力で出世を狙っていくガチな人の頑張り方を書いておきます。プロ社内政治では、社内の重要人物へ「よかったら今度一緒にランチしてください」なんていうのは、常套手段です。2ランク上くらいは平気で誘います。いまどき、若手からごはんに誘ってもらうチャンスなんて上にはないので、誘われることがうれしいものです。

とはいえ、決算直前だと「今は無理」となるので、あらかじめ余裕を持って誘うといいでしょう。プロ社内政治をする方は、誰でも決定権を持つ人間と仲良くします。そして、ささいなことをランチで相談してアドバイスをもらい、それを忠実に実行してみせ「○○部長のおかげで、あの件がすぐまとまりました！」とお礼を言うのが、一番楽なやり方です。

私の周りには、そうやって社内政治のために結婚式場を上司がおすすめする場所にした方や、車を上司に選んでもらった人がいます。ここまで極まるとすごい。しかし、その犠牲と引き換えに本人は出世街道を駆け上がり、やりたい職務に就かせてもらっているので幸せそうです。社内政治以外でもそうですが、結局人生とは「何がほしいかを明確にして、そのほしいもののために犠牲にできるものを選ぶ作業の繰り返し」なのですよね。

さて、プロ社内政治をするうえでも一番面倒なのが「直属の上司が社内で冷遇されそうで、対立する相手が出世しそうな場合」です。この場合、上司をいきなり見限ると人間性スコアが地に落ちるので「今、上司との付き合い方に悩んでいて……。あの人とどう付き合ったらいいですか？」と相談する具合で、出世頭へすり寄る形となります。

また、人事評価の前提として「部署ごとの売上・利益」の成果があります。いかに自分がいい人間であろうとしたって、部署の売上が他部署よりマイナスなら最高評価は望みづらいわけです。ですから、今年の売上がいい感じの部署にいるときほど、期末の人付き合いに気を配る必要が出てきます。そして、自分の部署が万年赤字部門なら、さっさと異動することも重要な選択です。そして、さっと赤字部門から異動できるかどうかを決めるのが、人事やトップとの仲の良さです。「こんな部署、何年もいてたまるか」と思ったら、死ぬ気で飲み会に顔を出し、上役と仲良しになったほうがいいでしょう。人事部は評価で給与の配分を決めているわけで、赤字部署にいくらいい人がいたところで、そこに割り振る予算や昇進はありません。異動についての根回しは、P.61をご覧ください。

「社会性がないから私には孤高ポジションしかない」という誤解

社内政治が苦手な方にとって、ここに書いた手法は「信じられないほど悪どい」手段に見えるか「面倒すぎてうんざりする」かの2択だと思います。それでも、「ゆる社内政治」を勧める理由がありまして……。孤高ポジションに就くほうが、社内政治としては難しいのです。

社内で孤高ポジションに就くためには「自分にしかできない業務」を作るしかありません。これは、技術や資格だけでは不十分です。そんなもの、外部から同じ資格を持っている人がやってきたら、一撃でやられます。

そうではなく、自分しか交渉させてもらえない営業先がある、自分だけが扱える複雑なマクロがあるなど、属人性の極みみたいなものを持たねばならないのです。基本的に業務の属人化は企業にとってのリスクですから、このポジションを築くためには慎重にコトを進めねばなりません。「あの人じゃないと仕事の進め方がわからないから」と言われたら勝利です。

また、上司に「あの人は仕事のセンスがいい」と言われる必要も出てきます。ここでいうセンスとは、結局のところ評価者の価値観。上司と似た考え方で、似たやり方で仕事を進める技術です。評価者がダサいものを好きならダサいものを積極的に作り、愛される必要があります。もはや一心同体、阿吽の呼吸。でもそこまでして上司に尽くすのって、プロ社内政治と何が違うの……？　と、なってきませんか？　つまり、期末に「ちょっといい人」になるだけで済む普通の社内政治より、孤高ポジションに就くのはずっと大変なのです。

そういった意味で、孤高ポジションを得やすいのは営業や情報システムなど、個人の担当領域が分かれやすい部門です。逆にチームでの情報共有が核となっている業務では、属人性を高めづらい傾向にあります。そのため「まず、どの職種に就くか」が大事でもあります。たとえば、マーケティング部は基本的に情報共有を前提とした業務が増えやすい部門ですが、その中でもSNS担当などに分かれていると属人性を高められます。たとえば「Xの中の人をやるのは、あの人じゃないと無理だから」と言わせたら、孤高ポジションを目指す側としては勝ちなわけです。

何度も言いますが、属人性とは企業組織の敵です。したがって、何度も人生において自分の孤高ポジションを崩そうとする制度改革が行われるでしょう。それでも生き抜くためには、決定権を持つ人間に愛されるしかありません。正直、その方が自分の大嫌いなタイプだと胃腸かメンタルが先にやられます。だからこそ、他人へ興味を持てない方ほど、孤高ポジションは向いていないのです。

というわけで。本著では孤高ポジションよりも「無難なレベルの社内政治」を、期間限定で頑張るよう勧めます。ひとまず、自社の決算期をメモって、それから2か月前のカレンダーに★マークを付けるところから始めませんか。そこから「決裁者に好かれる活動」を始めるだけでいいのです。

それでも、社内政治ができなかったら ここを読んでください

どうあがいても、社内政治が苦手なあなたへ。ここで初めて「ようこそ、フリーランスの世界へ！」と、新しい幕を開けさせてください。フリーランスは社内政治が苦手な方にうってつけのお仕事です。もちろんフリーランスにも最低限の丁寧さや、真面目さは必要ですが、会社組織に固定されている状態に比べれば、はるかに自由にはたらけます。

なぜなら、フリーランスは取引先を自分で選べるからです。どうにも相性が悪い取引先ならば、「申し訳ありませんが私の能力が至らないようでして……」と辞退することができます。断れる身分になるためには、それでも仕事が舞い込むだけの実績が必要です。したがって、フリーランスが天国だと言うつもりはさらさらありません。

しかし、「空気を読むこと以外は優秀なのに」と言われるタイプなら、フリーランスで輝く可能性が高いといえるでしょう。まずは副業などで、自分のスキルを売り出してみてください。きっと苦労します。しかし、その苦労すら楽しめるはずです。

第3章のまとめ

- ✔会社によって有能さの定義は異なるので、自社で無能だからといって絶望しない
- ✔「私はできる／できない」ではなく「私はこのような状況がありできる／できない状態にある」と書き出すことで、人格と人事評価を切り分ける
- ✔仕事を始める前に（1）やる目的　（2）発生する実務の全体像　（3）やったら失礼なこと　を押さえてから動くべし
- ✔社会性には生まれや育ちの経緯がかかわるので、努力不足だと思わなくていい
- ✔そのうえで、社内政治はやったほうがいい
- ✔具体的には「人事評価の2か月前から頑張る作戦」が楽。不良が捨て猫を拾ったら評価が上がるように、変化で評価アップを狙う
- ✔社内の人間相関図を描き、その人が持つ権力でスコアをつけて誰に従うべきか判断すること
- ✔部署の評価が低ければ出世も給与アップもありえないので、異動も考える
- ✔孤高ポジションは評価者から徹底的に愛される必要があるため、かえって大変

4

体調不良でリタイア

vs

体調不良を織り込んで生きる

漠然と30歳になったら死ぬと思ってた

見出しのようなことをおっしゃる方が、まあまあいまして。ええ、お察しの通り全員メンヘラです。とはいえ軽度のメンヘラでして、自分からどうこうしようとまでは思っていない。ただ、長期的に幸せになろうとか、そのために今の自分はこう努力しよう、という長期的視野を持てるほど、今が幸せではない方々、くらいに思ってください。

私は22歳で治療するまで大メンヘラだったので、この気持ちがよくわかります。そもそも将来設計を立てること自体が気力を消耗しますし、そのうえで今から日々研鑽を？　なぜ……？　私なんて今日の献立を考えることすらおっくうで「もう白米に醤油とマヨかけて食うか」とか思っているのに……？　と、なりますよね。

一般的にはエリートに見える大企業の正社員ですら「来年の身の振りようすら考えていないな?」という人がいらっしゃいまして、非生産部門でぬるっとキャリアを終えられないかと願いながら、目の前の仕事をこなしているわけです。われわれは普通に生きているだけでキャリアプランを考えることはありませんし、できればキャリアなぞ考えずとも幸せになれるなら、それは「よき時代」なのだと思います。

が、今はよき時代ではない。という悲しい現実があります。ＶＵＣＡという言葉がありまして、翻訳すると「変化のスピードが速く、将来どうなるかもわからない。複雑であいまいな世界」という意味です。このＶＵＣＡこそ、今の私たちを取り囲む状況であるとされています。江戸時代末期の激動の時代、未来への漠然とした不安から民衆が「ええじゃないか」と踊りくるった時期がありましたが、その気持ち、チョットワカル。

特に、２０２３年からは突如「生成ＡＩを使える人と使えない人」で世界が分断され始めました。これまでもネットを普段使う層とそうでない層の分断はありましたが、代替手段は存在しています。新聞とテレビとラジオがあれば、ネットより遅くとも情報を得ることはできます。しかし、生成ＡＩは使う人とそうでない人で、決定的な分断を生み出すでしょう。

あるいは、「不動産を買う」ことを考えたときに、これまでなら駅からの距離、築年数、広さといった条件だけで判断できたのが、これからは「このまま地球温暖化が進行しても、数十年後に住みうる地域なのか」を考えねばなりません。

キャリアに限定しても、副業の解禁や健康寿命が延びたことによる高齢者の再就職、ジョブ型雇用の導入など、多種多様な変化が起きています。また、結婚や子供をもうけることは人生の必達条件からオプションとなりました。

人生の将来設計は、あまりにも複雑で不確実です。その中で、「漠然と30歳になったら死ぬくらいの設計で生きている方」は、メンタルの健康・不健康にかかわらず、案外多いのではないでしょうか。

で、実際に30歳で死ぬかというと、そうもいきません。大半の人間は生きています。しかも、ちょっとした体調不良を抱えて。

ちょうどこの原稿を書きながら気づいたのですが、20歳頃に入れた奥歯の詰め物が取れていました。血圧は10代の頃より上がって、このままだと高血圧です。肩こりも前よりひどくなり、毎日処方された湿布を貼らないと頭痛になります。週に1度、頭痛と吐き気を防ぐためにせっせとマッサージに通いながら、ちょっと思うわけです。

「老いってマイナートラブルから始まるんだな……」と。

このトラブルの度合いが20代、30代、40代で階段を上るようにスケールアップします。20代からひどい肩こりに悩まされており、疲れが取れない……ダルい……という話は友人としていましたが、周りで「おおごと」になるのは適応障害と鬱がトップツーで、体の不調は珍しい。

ところが、私の年齢である37歳になると、周りは子宮内膜症、潰瘍性大腸炎と、ちらほらしんどい病気が出てきます。揚げ物が食べられなくなる以前に、揚げ物をドクターストップされる勢が出てくるわけです。

50歳を目前にすると、がんを患う方も増えてきます。乳がんでおっぱいを切った人、胃がんで全摘になった方など、術後も年単位で治療をする方が増え、世間話が健康トークに変わります。

こういった大病をされる方もいる中で、日々のマイナートラブルもちらほら。私も歯の詰め物が取れたり、デスクワークのしすぎでこむら返りを起こしたり、大人になってから喘息を発症し、ステロイド剤で体重が30キロ増えました。ちくしょう。なにが漠然と30歳で死ぬだって？　それより体調不良がＶＵＣＡだよ、と、毒づきたくもなります。

ダイエットをする理由が「健康」になる日

特に加齢を感じるのは、ダイエットの目的が「美容」から「健康」に変わるタイミングでしょう。手に入りやすい市販の服がＳとＭサイズしかなかった女性服売り場も今は昔。オンラインで大きいサイズはいくらでも手に入り、街を歩けばどなたもセンスある服を着ています。

私もかつては同級生が絶句するほどのダサさでしたが、上から下までおしゃれな人のコーディネートをまねて買うという雑技《ざつわざ》で、前よりはヒトっぽくなりました。そういうことが努力せずできる社会になったのは、実にありがたいことです。

しかも、世は多様性の時代。表立ってデブといじめられることもなくなり、少なくとも見かけ上は楽な暮らしができるようになりました。ルッキズムは相変わらずの強さですが、SNSを閉じればなんとかなる。オンライン会議システムは自動美白機能がついているので、本物の顔が死んでいてもなんとかなる。

ただ……健康はデジタルをデトックスしたところで、どうにもなりません。

私が初めて「おかしいな?」と思ったのは、二日酔いでした。もともと友達とお酒を飲むのが大好きな私は、友人とのご飯でワインを1本空けるのもざら。さらにビールとウイスキーも飲みたいね、なんてやっていたわけです。二日酔いになることは、めったにありませんでした。

ところが、30歳から突如、翌日に頭が痛くなりだしたのです。しかも、ウコンとヘパリーゼも微力な助太刀にしかならぬ。ついでに、飲んだ翌日のむくみがとんでもないことになっていました。美容に関心の薄い私が気づくくらいのむくみだから、相当なことです。しかも、前は「むくんでるなあ」の体感だけで済んだはずが、全身がダルくて、鈍く痛い。そうなると、翌日に登壇や出演の仕事がある日や、仕事に集中したいときはお酒が飲めません。10代の頃は毎日晩酌していたのに（※合法な国にいました！）、あれから20年。自然な節酒生活が生まれたわけです。

と、前みたいにお酒が飲めないなあ……と思いつつ、私は「しめしめ」とも考えていました。なにしろ、太る理由にはよくお酒が挙げられるじゃないですか。じゃあ、節酒したら、それだけで努力せず痩せちゃうんじゃないの？　これってもしかして、高校時代のスカートが入っちゃうんじゃありませんこと？

とは、なりませんでした。節酒したはずなのに、私の体重は右肩上がり。堅調に伸びすぎて、このままじゃ東証プライム市場へ上場できちゃいそうな折れ線グラフができました。やめろ。

ここまでくると、いくら適当に生きていても、ダイエットをするわけです。以前なら、ちょっと野菜中心の生活をしたら痩せました。それが、うんともすんとも言わねえ。いやいや、昨日食事をかなり抜いたよね？　なんで体重がそのままなの？　質量保存の法則って知ってる？　と、いくら騒いでも、体重は変わりません。ステロイド剤を使ってからは肥満症に該当しうるＢＭＩなので堂々と痩せる補助薬を使っても、痩せない。痩せる前に、副作用の吐き気で午前中の仕事がおじゃんになる日もありました。これが「老い」か……と、私も初めて年齢を感じたわけです。

さらに40代になってくると、痩せ方にも注意が必要となります。なぜなら、不用意に痩せると「やつれた」見栄えになってしまうから……！　痩せた？　ではなく、「大丈夫？調子悪い？」と質問される方になってしまう。そして、実際に体調も悪くなる。痩せないと調子が悪いのに、痩せすぎると体調が悪い。もうなんやねん状態です。筋トレしながら痩せないと、倒れてしまう。

体のことを考えると美しくなれるのが20代なら、体のことを考えないと仕事にも生活にも差し障るのが40代。かくして人は、嫌々でもジム通いを始めるわけですね。なぜ30歳を超えると、みんなヨガやピラティスを始めるのかよくわかりました。毎日ジム通いをするガチな筋トレはちょっと、と思いつつも、何か運動をせねば今後が危ういと思ったタイプにとって、ピラティスは恰好のトレーニングなのです。

しかも筋トレと違ってレッスン型のジムが多いため「嫌だけど、もう予約しちゃったから……」という制約がはたらきます。パーソナルトレーナーにレッスンを受けるのと同じように、自分に枷《かせ》をはめつつ、体の動かし方を学べるのです。

特に私の場合はデスクワークで1日12時間労働。その他の時間も、子育てと睡眠で埋まっています。運動レベルでいうと、入院患者といい勝負かもしれません。ライターとして取材をするため外へ出ると、最寄り駅に着く前の上り坂でゼイゼイする。さすがに、危機感を抱きます。このままじゃ、すぐに足腰立たなくなってしまうんじゃないの？　と。オーストラリアでの研究によれば、デスクワークを1時間するごとに、余命が22分縮まるそう。えっ、私もう死にます？

似た不安を抱いた友人は、朝だけUberEatsの配達員をすることで、運動習慣を身につけています。まさか、健康のためにスキマバイトを考える日がくるとはね……と思いつつ、副業の目的が「健康維持」になる方も今後増えていくのでしょう。

子宮よ子宮、世界で一番うるさいのはお前

特に女性が抱える健康トラブルでは、子宮に関するものが多いのではないでしょうか。現在、日本企業では生理休暇を取得することができます。しかし、この休暇を申請してい

る女性を、私はついぞ見たことがありません。今が生理だと上司へ申告するのが恥ずかしいですし、同じ女性同士でも生理のしんどさはさまざまなので「生理ごときで休むの？」と思われるおそれも抱くからです。

生理のやっかいなところは、心と体の両方にクることでしょう。私の場合は生理前になると気分が落ち込みます。いっときは、生理前だけ電車へ飛び込みたいと考えるほどひどかった。ＰＭＤＤ（月経前不快気分障害）と診断されてピルを飲み改善しましたが、低用量ピルが飲めるのは基本的に40歳までとされています。その後は……その後はどうやって生きていけばいいのですか⁉

また、生理がきても嫌ですが、こないのも嫌ですよね。Ｐ＆Ｇにいた頃は、よく激務で生理が止まっていました。これはこれで、妊娠できない体になったのではないかと不安になります。実際、生理不順をきっかけに多嚢胞性卵巣症候群などの、重い病気が判明した友人もいました。きてもこなくても不安にさせられる。まったく、子宮は天才的な臓器ですね（褒めてない）。２０２０年の厚労省によれば、女性ががんになる部位ランキングでは、乳がんが1位で子宮がんは5位。ここでも子宮は存在感をあらわにします。

そして、40代になれば早期閉経を迎える方も出てきて、今度は更年期障害との戦いが待っています。人によって症状に差がありますが、先輩方を見ていても「よく休みを取らず頑張っていらっしゃるな」と思うことが多く、これが今からくるんかい、子宮ときたら病める日も健やかなる日も、そして停止する日も騒がしいことには変わりありません。こんなに生涯にわたり悩みの種となる臓器も珍しく、だからこそ一部の方は、「子宮ビジネス」とも揶揄される、子宮をスピリチュアルな対象として崇めるカルトにはまってしまうのかな……と、思いを馳せています。

また、妊娠と出産は慶事として片付けられがちですが、普通に病気レベルでしんどいもの。私は妊娠1か月目から出産直前までずっとつわりでご飯にサヨウナラしており、うち数か月はまともに仕事ができなくなりました。フリーランスの私にとって、この休みは大打撃。年商がガクッと下がる原因になってしまいました。出産はまだ予定日がある程度想定できましたから事前に仕事を調整できましたが、それも切迫早産で入院していた場合などは、全く別の話となったでしょう。

キャリアの維持を考えるなら、妊娠と出産、そして育児は間違いなく障壁ですし、その障壁を感じている方が「私は子供が欲しくない」と考えるのも、当然のことだと思います。まるで子供を邪魔者のように書いてしまって申し訳ないのですが、子がかわいいことや生まれてきてくれてよかったことと、「仕事が前の通りに進めづらい」という事実は両立します。そして、この問題を女性は早ければ10代から、考えざるをえないのです。

「子がいても、キャリアアップしたい」が可能となる日

ノーベル経済学賞を受賞したゴールディン氏は男女の収入格差を研究し、女性の収入差は子供を持ってから顕著になることを明らかにしました。女性は子供を産むと、オンコール（呼び出しを受けたらいつでも対応せねばならない業務）に就くことが難しくなります。そして、オンコールの仕事こそ、高年収の仕事になりやすいがゆえに、女性の賃金が下がると明確にしたのです。そして実際のところ、産後は仕事をセーブする方が多いのではないでしょうか。

私は産後も年収を維持するため、いわゆる「オンコール」の仕事を受けています。ライターであれば早朝や深夜に取材がある仕事や出張案件、そして納期が12時間を切る超特急のお仕事依頼です。こういった事情をXへ書くと「あなたは子供を大事に思っていない」「お子さんがかわいそう」「愛着形成がどうなっても知らないぞ」と、非難が殺到します。文字通り、殺到です。

そのたびに「子供には父親もいるんですけど、なぜ父親はオンコールの仕事をしても非

難されないんですかね。私が男性でも同じことを言いますか?」とか、「私の子供がかわいそうかどうかは私の子供が決めることであって、親である私はおろか、他人のあなたが決めることではないんですよ」とイラつきながらも、心は傷つきます。知らない人からたくさん罵倒されるって、それだけでストレスですから。最近は罵倒されるのが嫌なので、極力子育ての話は表へ書かないようにしているくらいです。

子宮に始まる物語は、こうして子育てをめぐる苦悩にもつながります。ただ、あなたやあなたの大事な人に同じことを言うバカについては、一生水虫に苦しむ呪いをかけておきますので安心してください。その人たちは幼少期に親と一緒に長い時間を過ごしたにもかかわらず、SNSで他人の子育てを罵倒せざるをえない人格を形成してしまったわけで、お相手の子育て論も推して知るべしです。

ゴールディン氏は最終的に、オンコールの仕事が男女ともに減っていくことで、「男社会で女性も男らしくはたらいて稼ぐ」のではなく、男女ともに中間くらいのはたらき方をする社会があるのではないか、という話をしています。そして、昨今の急激なワークライフバランス志向や副業解禁などの制度変更をみるに、そういった「中間の仕事」は増えていくように思えるのです。

たとえば、週に3日は夫がオンコールで、自分は定時帰り。残り3日は自分がオンコー

[私と夫のある一週間のはたらき方]

	月曜日	火曜日	水曜日	木曜日	金曜日	土曜日	日曜日
夫	残業あり	定時	残業あり	残業あり	定時	育児	休み
私	定時	残業あり	残業あり	定時	残業あり	休み	育児

※水曜はベビーシッターさんへ依頼

ルで、夫が定時帰り。そして、週末の1日を共に休む。こんなはたらき方が実現するのは、遠い未来ではないように思えます。実際、フレックスタイム制ではたらく夫婦のお話を聞いていると、35歳以下はおおむねこんな具合で、育児とキャリアを分担していますし、私の家庭もそんなスケジュールで回っています。

先行きが見えない社会ではありますが、そこにはポジティブな変化も当然、期待できるわけです。そして、**27歳を超えたなら、その社会をつくっていく当事者は自分。**今の世界のあり方に違和感を抱くなら「私はこうしたい」と新たな道を歩み「世界もこうなったらいい」と発信することで、実際に社内制度を変えるきっかけになってもよいのです。

限界を感じるまで、キャリアにしがみついていい

私は就活にハマりすぎて本まで書いてしまうほどのマニアだったので、卒業後も就活相談をお受けしています。そこで毎年聞くのが「結婚したいので、転勤したくないです」とか、「子供がほしいので、ハードな仕事はしたくない」といった言葉です。じゃあ、もう婚約者がいるの？　と質問すると、彼氏・彼女すらいなかったりする。

確かに、結婚や育児を考えるなら、ゆるいキャリアに就くほうが楽ではあります。私の周りには「俺の妻と子供？　生きてるよ」しか家庭を把握できないほどはたらいていたコンサルタントもいましたし、毎日3時間睡眠ではたらくワーママもいます。そこまでしてキャリアを維持したいと思う方のほうが少ないでしょう。

ただ、先にキャリアダウンをすると、その後上げるのは至難のわざです。キャリアは基本的に一方通行であり、下げるのは楽ですが上げるには努力がいります。早期にキャリアを下げすぎると、後で「もっとはたらいておけば……」となりかねないのです。

これは、妊娠出産だけでなく介護や体力の問題とぶち当たったときも同じです。**休職制**

度を使えるだけ使って離職を避けるべし。正社員から離脱するのは最後の手段にしたほうがいい……というのは、周りの介護経験者がみな語ることです。

介護については、「身内が弱ってきたな」というタイミングで、地域包括支援センターへ駆け込むと早期対策につながります。専門用語で要介護になる前の段階を「フレイル」と呼び、フレイルの時期から対処すると、健康寿命が延ばせることがわかっています。単なる体の弱りだけでなく、ひきこもりがちになっているとか、精神的に落ち込みが続いている……といった状態もフレイルと呼び、支援の対象です。地域包括支援センターは全国の役場にありますので、まずは「地域名＋地域包括支援センター」で検索してみてください。都心部では土日も運営している地域があります。

これらに対する反論として「たとえ正社員でなくてもフリーランス等ではたらけるのだから、介護や育児、体調不良で離職したっていい」というのは事実です。実際、私も当時の夫の転勤へ同行するため、正社員を辞めています。

しかし、介護や育児をしながらの離職はそれこそ前述のオンコール業務ができないため、フリーランスやパート、アルバイトでも年収ダウンに直結しやすくなります。そして一度オンコール業務がある職種から離れると、経歴に穴が開いたとみなされやすく、オンコール業務には戻りづらいものです。結果、せっかく介護や育児が一段落ついたのに、正社員には戻れず「時短や休職制度を活用しつつ、地域包括センターへ駆け込んでデイサービスや訪問介護をフル活用すればよかった……！　あのときの年収に一生戻れる気がしない」という嘆きを多々聞きました。

特に大企業は休職の限度年数が長かったり、リモート勤務に対応していたりして、最短出世コースさえ手放せばなんとかなる事例が多いもの。使えるものは使い倒してから、離職を考えたいところです。

それでも、どうしようもないときはあります。自社の休職制度が現状に対応していなかったり、休職の上限まで使い切ってしまったりしたパターンです。そういうときも、正社員を経験できたなら、正社員のままリモート勤務で転職できないかなど、最後まで可能性を手放さないでください。

「フルタイムで出社できないから、正社員は無理だ」というのは昔の話です。地元の求人にはなくても、都心部でリモート勤務の募集があるかもしれない。完全リモートはなくても、月1日の出社でいけるかも……といった、柔軟な求人を探してみましょう。

キャリアにしがみつくというのは、何も成功を目指して出世にこだわることばかりを指すのではありません。「今の暮らしを、いい感じに続けたい」と思うなら、自分や家族の健康状態、育児などを経験してもなおキャリアを維持する努力が必要で、それは十分「しがみつく」ことになるのです。

そして、キャリアへしがみつくのは意外と簡単だったりします。なぜなら、

「もう育児があるし、前みたいな仕事は無理だ」

「介護もあるし、正社員は諦めよう」

「適応障害になってしまったから、社会人に向いていないんだ」

と、しがみつく前に手を離す人がたくさんいるからです。

あなたを雇った企業から見ても、あなたは自社で経験を積んでくれた貴重な人材です。あなたが会社で周りに愛されているかどうかにかかわらず、「すでにその会社でいっぱしの経験を積んだ」ことが、あなたの価値になっているのです。人事も、そんな方を介護や育児で失いたくないと思ってくれているはず。であれば、時短勤務であれ休職を挟んでの復帰であれ、可能性を模索しましょう。

新たに人を雇って、あなたと同じ経験を積んでもらうまでの手間を考えれば、まともな企業は「じゃあ、こういう制度を使いませんか」と話し合いに応じてくれます。「妊娠した？ なら半年後までに辞めてね」などと言い出す時代錯誤な企業でもないかぎり、長く付き合ったほうがキャリア上絶対にお得です。

心や体が元気なうちに「習慣としての休み」をつくる

健康に関心が薄いうちは、休みは体調を崩してから取るものだと考えがちです。しかし、自分の不調を事前に感知できるというのは、思い込みにすぎません。

友人で「仕事が楽しい！」と言っていた方は、20代でぶっ倒れていきました。20代です。回復力もあるので復帰できる方が多いのですが、生涯にわたる後遺症を抱えた方もいます。腎盂腎炎になった方、いきなり脳梗塞で搬送された方、難病指定を受け今も通院されている方……。こういった人たちが事前に「何かおかしいな」と思っていたケースはあまりなく、むしろ「仕事楽しい！　永遠にはたらける気がする！」と無理を重ねた方が少なくありません。

一説では、激務となりやすい総合商社パーソンの平均寿命が67歳という話もあり、楽しくはたらければそれでいい、休まなくても平気というのは嘘であることがわかります。

ですから、われわれは「積極的に休む」ことをせねばなりません。何かというと、スケジュールに「休む」と入れてしまうのです。

いっとき、仕事が楽しくて仕方がなかった時期は、うっかり仕事を引き受けすぎて徹夜……なんてことを繰り返していました。そうすると、明らかに風邪をひきやすくなったり、ダルさを感じたりするようになりました。それをさらに栄養ドリンクでカバーする、という無理を重ねていたのですが、このままでは周りのように倒れる、と危機意識を抱いたのです。

そこで、あるときから私はGoogleカレンダーへ**「寝る」という予定を入れる**ようにしました。1日のうち8時間は必ず寝ることにしたのです。それから仕事のパフォーマンスは伸び、あの無理なはたらき方は何だったんだ？　と、いたく反省しました。

今も、休む日は「休み」とあえてカレンダーに入れることで、仕事だけでなく遊びの予定も入れないようにしています。遊びの予定は「休み」ではないのです。私は友人に会うのが大好きですが、それでも体力は消耗します。遊んだらそのぶん、休息を入れる。そうすることで、体と心を守る習慣を身につけていきましょう。

体調不良を織り込んで幸せにはたらこう

そして、健康はある程度「札束でビンタ」しながら維持していきましょう。札束が１万円札である必然性は全くありません。私はオンラインの運動レッスンをたまに受けますが、私が契約しているＬＥＡＮ ＢＯＤＹというサービスは、レッスン受け放題で月額２，０００円台です。現実のジムでも、ＲＩＺＡＰのグループが運営する簡易ジムchocoZAP《ちょこざっぷ》なら月額３，０００円台です。

また、鍼や整体へも通っていますが、多種多様なボディメンテナンスを経験したことから、おすすめ店をリスト化し、noteで販売しています。これで少しは代金を賄えます。

また、私のようにコリがひどすぎて頭痛や吐き気まで催す方は、保険医療の対象になることがあります。処方箋でもらえる湿布は市販品より効くなと痛感しており、高いマッサージに通う前にまずは整形外科の受診も勧めさせてください。

正直、歳を経るごとにお金がかかるようになったな、と思います。しかし、それでもはたらいていて楽しいと思える仕事に就くことのほうがよほど重要。だからこそ、今日もせつせと体をメンテするわけです。

歳をとるにつれて、体調不良は増えていきます。太ります。痩せても皮が垂れます。しかし、「そこですべてを諦めず、体調不良と付き合いながら生きていく」ことが、成熟した生き方だなあ……という達観も、案外手に入るものです。30代、40代とステップアップしていくにつれて「人の目を気にして生きていかなくては」というプレッシャーも減りますし、「人生こうであらねばならない」といった思い込みも減っていきます。世間の目よりも、自分のやりたいことが見えてくる。それは、かけがえのないチャンスです。

私たちは、どんどん自由になる。その対価としてのボディメンテナンスならば、積極的に付き合っていきたいと思うのです。ま、ここまで書いておいて、契約しっぱなしで行ってないジムの会員証も、購入だけして飲んでいないサプリも、埃をかぶっているわけですが。そういうダメな自分を許容するところまでひっくるめて、私たちは自由になっていく。

あわてない、あわてない。ひとやすみ、ひとやすみ。

byアニメ「一休さん」

第4章のまとめ

- 変化の速度が激しく、未来がわからず、複雑であいまいなＶＵＣＡ時代で、とりあえず目の前の仕事に追われてキャリアを考えられないのは自然な姿
- 健康のためにダイエットを考えるのが、老い／成熟の始まり
- 生理、妊娠、出産、閉経と、人生を通じて子宮のトラブルは起こりがち
- 男女の年収格差はオンコール業務の差で生まれる。オンコール業務を行う日を夫婦で分担できれば、キャリアと育児を両立しやすくなる
- オンコール業務から離脱すると給与ダウンにつながるため、介護／闘病／育児でも、可能な限り今のキャリアにしがみついたほうがいい
- 習慣としての休日をつくろう
- ボディメンテナンスへのお金は心が自由を得る対価として、気持ちよく払おう

5

とりあえず定年まで勤めたい

vs

会社組織を中から変える

今更バリキャリにならなかったのは自己責任と言われましても

最近、70代の男性から現役時代のお話を伺う機会がありました。偶然そこで、当時の女性はどうはたらいていたのか？　という話題になったのですが、

「24歳にもなった女性は、〝イブちゃん〟なんて言われて、いじめられたもんよ」

と聞き、びっくりしたものです。クリスマスの前日である24日はイブ。クリスマスの25歳は結婚するにも行き遅れとされるため、24歳は「一歩手前」扱いだったようです。当時の女性は短大卒で十分学のある扱いでしたから、卒業時は20歳。そこから腰掛け3年での寿退社を期待されていたため、さらに1年も遅れた24歳は手遅れ寸前と言われたのだそうです……。

そういった話を聞くと、この数十年で女性のはたらく権利がこれほど向上したことに、感動を覚えます。私なんて大学に入るのが2年遅かったせいで、新卒入社時点でもう24歳。当時だったら、入社時点で行き遅れだったのです。

さすがにそこから時代はめぐり、私の入社年次は２０１２年でした。ところが、当時す

ら総合職の面接で「30歳になったら、結婚して辞めてくれるよね？」と言ってくるとんでもない企業があったり、女性は総合職にいりません、と説明会で豪語したりする会社がありました。好意的な見方ではありますが、そういった会社は「うちは女性差別をしますよ」と入社前に教えてくれただけ親切だったかもしれません。

というのも周りには、入社後に突然の性接待を求められて、すぐ転職を決めた人もいました。総合職なのに、水着で年配男性にお酌をしろと言われ、同期女性は全員やらされたそうです。ときはリーマン・ショックの不景気まっさかり。抵抗して正社員の職を失うほうがバカを見る時代でした。こういう文化に嫌気がさして、海外移住してしまった女性もいます。

ネットでフェミニストを名乗り過激な発信をされている方には、この年次までに会社員を経験された方が多いように感じますが、まあ当時を知っていたらそうなるのがわからんでもない。

……という黒歴史からの、２０１６年の女性活躍推進に、２０１９年の「働き方改革」。女性の労働環境はまるっと変化しました。おいおい、２０１２年に私が総合職になると言ったときは、同級生から「もしかしてご実家にお金がないの？　大変ね……」と同情されたことまであるんだぞ！

かつて、キラキラ女性の憧れ雑誌『VERY』は専業主婦としてハイスペ夫と結婚し、趣味半分の自宅サロンを開いて、売上の責任を持たずやりがいだけ手に入る〝サロネーゼ〟になるのが勝ち組！　という価値観でブームを巻き起こしました。それがさあ、突然路線変更して、ワーママ共働き推しになったときの衝撃ときたらよ……。サロネーゼブームのときに専業主婦を選んだ女性は、ノースキルのまま主婦をやって40代も後半。ここからどうやって憧れのパワーカップルになれっていうのさと。

世間が求める女性像の犠牲になったのが、今の40～50代です。若い頃にキャリアを志せば女の席はないと言われ、それでも必死ではたらきたいと思うなら独身覚悟。セクハラ、パワハラをかわしつつ後輩からは「あんなキツい性格だから結婚できないんだよ」「ああはなりたくないよね」と言われるのをぐっとこらえ、いざ昇進のチケットを手にしたと思ったら、部下の世代は3割が女性管理職となるらしい。

そこで素直に「わあ、女性の仲間が増えてうれしい！」とだけ思える方もいるでしょうが「あの苦労はなんだったのか」とガックリくる感情だって、同時に湧き上がるのが自然というものです。女性の権利が拡大するのだから、かつて自分のキャリアを切り拓いた女性たちなら大手を振って歓迎するに違いない！　というのは、女性を一枚岩の生き物として見すぎでしょう。

逆に、当時の「空気を読んで」専業主婦になった女性たちだって、今更どうしろというのか。2000年以前に寿退社した女性は、下手をするとパソコンに触った職歴がありません。いわゆるチェーンの店舗にまでデジタルデバイスが普及したのは、Windows2000以降だからです。スマホは家で使うものの、Excelで関数を入力してよと言われるとちょっと困る。そんな方がたくさんいます。そうなると、子供が大きくなったからとキャリアをてこ入れしようにも、派遣社員にすら内定しません。しかも、主婦期間は職歴上ブランクとされますから、派遣を続けてきた方と比べても不利。となれば、ずっとパートに甘んじるしかない。だったら、夫の扶養に入れる範囲でしかはたらかないほうがいい……となるのは、至って合理的です。

なのに、世間は手のひらを返して「専業主婦なんて、随分と贅沢な暮らしをしているんですね」と偏見のまなざしを向けてくる。これで怒らない専業主婦の方は、だいぶ寛容です。

バリキャリと専業主婦の中間……？

専業主婦、そしてバリキャリ女性。これまでに人生相談の一環として40代後半から50代の女性にまんべんなくお話を聞きましたが、対極にあるような二者が全く同じことをおっしゃるのです。

「人生でリスクがあるなら、もっと早く知りたかった」

と。

たとえば、今40代後半以上の女性が仕事に奮闘していた頃は、まだ女性の妊活に対するアップデートが進んでいない時期でした。不妊治療は表に出すものではないとされ、芸能人は何事もなかった顔をして、40代以上で子をなしていました。世間一般の「早く結婚しなさいよ」という圧力は強かったものの、根拠はあいまいなもの。

「結婚っていいものだよ」

「やっぱり、子供ができて一人前」

などなど、結婚のメリットは科学的に妊娠できる年齢とは一切関係のない印象論だけで語られていました。だからこそ「ばかばかしい！」と、はねのける勇気を持つ女性がいたわけです。

結婚はいつでもできますが、妊娠はそうでもないらしい。どうやら閉経前なら大丈夫、なんて単純な話じゃないらしい。ということが大っぴらに語られ始めたのは、ＳＮＳが普及してからでした。不妊治療のつらさを発信する個人が、徐々に生まれてきたからです。そこで初めて「もしかして、今結婚しないと子供って望めない？」と慌てる女性が出てきました。しかし、その時点で20歳の女性と、40歳の女性では可能性が大きく変わります。

「だったら、あのときにキャリアダウンしても産んだのに」

と、涙する方もいました。

ならば専業主婦は天国か……というと、そんなことはありません。モラハラという単語がなかった時代、男性のわがままを受け入れるのも女性の甲斐性とされていました。ＤＶが法律で禁止されたのは２００１年です。優しい伴侶や義実家に当たれば天国、そうでなければ地獄、というのが専業主婦でした。しかも、専業主婦は離婚するための資金がない。実家がお金を出してくれなければ、離婚すら難しい。夫は暴力をふるう、生活費を渡してくれない、となれば親権を手に入れて子供を守ってやりたい。けれども、

「親権はほしいけど、貧乏になることがわかっている。子供を犠牲にするわけにもいかな

いから、離婚は諦めるしかない」

「こんなことがわかっていたら、絶対に仕事を辞めなかったのに」

という声も、多く聞きました。

人生には正解なんてありません。けれども、人生の大きな決断をする前に双方のメリットやデメリット、そしてリスクを知りたかったというのが本音でしょう。今はSNSを通して、バリキャリ・専業主婦の両者の生の声を聞くことができます。その結果、「バリキャリでもなく、専業主婦でもなく、ひとまず定年まではたらきたい」ルートを選びたいと考える女性も多くいます。では、そのリスクは知られているのか……？　となると、これも無視されているように思えます。

そして、世間は「リスク」を見せることも、異様に恐れるようになりました。専業主婦に「旦那さんが倒れたらどうするの」というのも、バリバリはたらく女性へ「妊孕性を考えたら、子供が欲しいなら35歳までに決断が必要だよ」というのもセクハラだからです。相手の立場を考えず、ずけずけと込み入った話をするのは失礼だ。だったら、何も聞かないほうがいい。そういう文化になりました。

「個人主義って素晴らしい！」と思っている私がいるのは事実です。いっぽう、ここでリスクを知らずになんとなくで生きていくと、やっぱり数十年後に「こんなことになると知っていたら、ゆるキャリなんて選ばなかったのに！」と嘆く人が出てくるような気もするのです。

私たちの多くって、実はノリでＮＩＳＡをしているし、残業は悪だと考えるし、美容液を顔に塗るじゃないですか。でも、それって本当に必要なのか？　そうすることでどんなリスクとメリットがあるのか？　を、ひとつずつ考えたほうがいい。

しかも、今なら生成ＡＩへ「20代で結婚しないメリットとリスクを教えて」くらい、さらっと聞けるはず。先輩を捕まえて、話を聞かなくてもメリデメを比較できるなんて、今が初めての時代かも。自分がなんとなくで進もうとしている人生を確定させる前に、ちょっとＡＩへ聞いてみてください。自分の今進む道には、どんな輝ける未来があるのか。そして、後悔するとしたら、どんな項目がありうるのかを。

いまだに私の職場は男社会なんですが問題

さて、実際に家庭優先にしながらはたらくゆるキャリ、あるいは家庭もキャリアも前向きに追い求めるフルキャリを目指したいと考えた場合、そもそもそれってどの程度実現可能なのでしょうか。

定年まで勤め続けることを視野に入れると、管理職になる可能性が出てきます。先ほど女性活躍推進、女性管理職の比率を30%台に、という話をしましたね。すばらしい。ただ、それは都心部のオフィスだけの話です。

日本にある会社のうち、大企業に当てはまるのはわずか0・3%。残りは中小企業です。私も自分の仕事を法人化していますが、中小どころか零細。正直、大企業の福利厚生や制度設計を見ると、はるか遠くの出来事のように見えます。そもそも、常に10人以上がはたらく会社でなければ、就業規則すらいらないですからね。社長の気分ですべてが決まっている会社は、予想以上に多いのです。

女性管理職がまだまだ少ないということは、一言でいえば女性が定年まで勤めるという前提での制度設計が甘い状態であるということです。いわゆる、男社会です。

男社会のイメージでいえば最もわかりやすい、肩書きの話から始めましょう。「女性は一般職にしかなれない、なのに総合職と同じ仕事をさせられていて、給料を安く買いたたかれている」というのは、2024年にも聞く話です。あるいは、アパレルスタッフの現場にいるのは女性ばかりだが、管理職は男性ばかり……というのもあります。

ある程度の事業規模があれば、「女性を管理職にしよう」という動きも出てきますが、そこで活用されるのが「とりあえず肩書きだけつけるけれども、実務面での権限は何も変わらない」ケース。そうなると、ひとまず主任、係長に女性がわっと増え、部下を持つ課長以上は男性ばかり。これで女性に裁量権を、と言われても笑うしかないですよね。

前の章でゴールディン氏の「オンコールになれる仕事に男性だけが就きやすく、そのために格差が生まれている」という主張を取り上げましたが、そもそもシフト交代にせず、オンコールが蔓延する職場も男社会といえるでしょう。夜勤だけを毎日やりたい医師や警察官がいてもいいはずですが、そういう制度設計はほとんどない、というわけです。

実際、定時以外ははたらけないことで不利益を被っている、というご相談はよく伺っていました。

「定時の後、残業時間の雑談で大事なことが決まることが多く、育児で帰る女性は重要なプロジェクトの決定権がなかった」

「事前の根回しが男性社員にしかされておらず、私の入っているプロジェクトなのに私だけはハブられて(無視されて)決められてしまう」

「仲良くなるために飲み会が必須となっており、育児中は社員とのコミュニケーションが深まらず、他の社員と差がついてしまう」

とにかく定年まで一定の賃金がもらえれば、仕事内容はなんだっていいと考える人もいるでしょう。それでも、このような憂き目に遭ったらどうでしょう。「あなたは居ても居なくても同じ」と言われているような状況で、傷つかず、平静を保って、何十年も勤められるでしょうか。

ただ、こういった訴えを男性から見たときに「そんなの、当たり前じゃん」と感じる面もあると思うのです。こっちが、好きで飲み会に行っているとでも? 家庭を犠牲にしたいと思って、残業時間に大事な調整をしているとでも? むしろ、育児を言い訳に残業をせず、他の社員に業務を押し付けているのは誰だ？　と。

私は、どちらも真実だと思っています。女性がどんなに成果を出しても、時短や定時帰りだと不利になるのも事実。そして、男性が「男なんだから」という理由で、家庭を犠牲にせざるをえないのも事実。どちらも男社会の弊害であることは、間違いありません。特に20代から見たら、残業時間に重要な仕事が進んでいく企業は、ブラックに見えるのではないでしょうか。

そしていい大人になった私たちは、制度変更を一方的に願うのではなく、こういう制度をつくる側でもあります。**もう新卒じゃないんだから、自分の立場は自分でつくっていくしかない。**そこで大事になるのが「まずは自分が出世すること」となります。逆説的に聞こえるかもしれませんが、「ひとまず定年まで勤める」キャリアを獲得するには、その道を整備するところから始めなければならないというのが現状なのです。

平社員が制度を変えるには、大人数で結託するしかありません。たかが上司1人を異動させるだけでも下から突き上げるのは大変なのだから、制度変更なんてはるか遠い道の先。たまに、病院で医師が一斉退職して勤務先の制度改革を訴えますが、これができるのは、医師免許という伝家の宝刀を持っているからですよね。医師は転職してもどうとでもなる。自分にどんなスキルがあるかもわからず、肩書きもないとなると、要望が通るケースのほうが少ないかもしれない。そして、クビになったら次の仕事があるかも不明瞭。だから、モヤモヤが溜まるのです。

発言権を増やすには、まず「社内での発言権」を獲得するほうが早い。そういう意図で、出世を志す女性もいます。ただ、ゴリゴリの男社会で出世を志すなら、生涯独身か子なしも覚悟せねばならない……というのは、実際のところあります。

「会社で紹介される部長職以上の女性が全員独身で、やっぱり出世したいなら結婚しちゃいけないいんだ、とかえって引いちゃいました」

というのは、あるメガバンクに勤めた女性の意見です。

男性は激務でも年収や大企業の正社員という肩書きがアドバンテージになって婚活をやりやすくなりますが、女性はそこが性的魅力に加算されません。女性も仕事ができることを性的魅力として加算されてほしいとは願っていますが、婚活相談を受けていると向き合わざるをえない現実です。むしろ、激務だと家事育児ができないのではないか？　と、マイナスに見られるおそれすらある。そうなったとき、女性は仕事へ真剣に取り組むと、失うものが大きすぎるのです。

私は男女平等主義者ですが、産後3日目から仕事復帰した話をすると、女性からも「そこまでしてどうするの?」という質問がきます。そこまで仕事をやって、どんな見返りがあるのかと。自営業の私は仕事に穴をあければそのまま廃業につながりますし、逆に仕事をすればするほど売上アップにつながります。だから、やる意味がある。

あるいは、そこまで子供が好きではないけれど、夫が子供を欲しがったから産んだという事例もあります。あらかじめ「私は育児を一切やらないからね」と了承を得てから産んでいるケースです。この場合、女性の仕事は産むまで。出産後は職場復帰できるので、出世にはほとんどハンデがありません。ただ、世間にはいまだに「女性は子供を最優先に愛するもの」という誤解があり、その目と戦う必要があります。男性が家庭をないがしろにしても「そういう人なのね」「まあ、役員まで行きたいならそうだよね」と許容される会社も多いのにね。さらには、夫が育児をメインで担うためキャリアを手放すと、「専業主夫はヒモ扱い」という、さらなる偏見と戦うこととなります。

また、私の周囲には外資系企業ではたらく女性が多くいます。30代で、多くは課長から部長職です。そうなると、産後3か月以内に復帰しなければデスクがなくなります。自分の地位を守るためには、絶対に復帰するしかない。その代わりに、彼女たちは女性の平均年収の何倍にも当たる金額を受け取っています。だから、ベビーシッターの費用を払ってでも復帰する意味があるのです。

しかし、多くの女性はそうではない。となったときに、「合理的な判断として、男社会を変えていくメリットはあるのか?」という問いかけが生まれるのは、当然のことかもしれません。

会社都合で出世させられて、後から文句言われましても

ここで問題になるのは、「そこまで女性が管理職になりたいと思っているだろうか?」という問題です。日系企業、それも中小の管理職って、割に合わない給料ではたらかされているケースがよくあるじゃないですか。

とある企業が、ある年次の新卒までは初年俸500万で設定していたのに、翌年から300万台に下げた事例がありました。上の世代は課長になれば年収1,000万円も手堅いとされていたのに、下の代はせいぜい800万がいいところになったのです。月残業150時間込みの金額でしたから、800万円では全くもって割に合わない。そんなわけで、誰も管理職になりたがらないという問題が発生しました。

男性はそれでも、役職がないと結婚に差し障るといった「男らしさ」の差別を受けるた

め、必死で努力します。ですが、職位が結婚と無関係の女性はどうでしょうか。何が悲しくてこの年収でこき使われて……となるはずです。しかも、800万は外資系の水準で得られる給与の話。ここまでの残業時間はない代わりに、額面年収400〜500万で課長職を担わされる事例だって多々あります。それこそ、割に合わない。

よく「女性が管理職になりたがらないのは、責任を負いたくないからだ」というトンチンカンな発言を目にしますが、男性は耐え忍ばねば伴侶が手に入らない苦しみを背負うと同時に、大企業の管理職ともなれば他のハンデを超えるモテも手に入るわけです。女性にはそのメリットがない。給与もない。ではなぜ管理職なんかになりたいのか？　となるのは、自然なことだと思います。

とはいえ、大企業はそうも言っていられません。政府方針で、女性管理職比率を上げろと号令がかかっているからです。そこで比率を上げるために、女性がなんとなく管理職になってしまう。その女性には十分なスキルもないし、心の準備もできていない。となると、当然周りからは突き上げを食らうわけです。そして、

「やっぱり女を管理職なんかにしちゃダメだったんだ」

という、悪い学習がなされてしまうわけです。当人からしたら、そんなこと言われましても……と感じるはずです。そもそも、管理職になりたいと強く希望した覚えもないし、

そのために積極的な研修を受けたりもしてきてないですってば。単に、周りの女性が時短や年次で要件に該当しなくて、じゃあお願いねって推薦されちゃっただけなんですよ、と。

しかも、自分をプッシュしてくれた上司に限って社内の影響力がなくて、その後のバックアップを全然してもらえなかったんです……なんて、泣き言を言っても始まりません。なっちゃったものは、なっちゃったんだから仕方ない。

ただ、それを「推薦してくれた上司と関係を持ったからだろう」なんて、情けない噂を流されるのだけは許せない。そんな相談もありました。実に低レベルな話ですが、大っぴらに言われる会社は少ないにしても、陰口ならある、いまだにある。こういうところのすべてが積もり積もって「わざわざ目立ってまで、女性管理職になりたくない！」と思わされる。女性管理職がいて当たり前になるまでの過渡期だからというのはわかっていても、腹の立つ話です。

「超人でないと子育てと両立できない」なんて、そんなバカな

家庭とキャリアを両立しようとするとき、キャリアだけでなく子育てのハードルも上がっているように感じます。「仕事を言い訳にせず、ちゃんと子育てしなければならない」という圧力が女性にかかっているのではないでしょうか。

ただ、「ちゃんと」って何だろうってことを思うんですよね。たとえば、親世代が専業主婦だったという方は結構いると思います。その親が、自分が子育てするときよりも「ちゃんと」自分を育ててくれたと思える人は、どれくらいいるでしょうか。お弁当は手作りだったかもしれませんが、それって冷凍食品が今より貧弱だった時代だからで、あとは結構適当だったって方も多いのでは？

たとえば、私が小さい頃は習い事へ自分で行って帰ってくるのは当たり前でした。友達の家に入り浸ってゲームしたり、逆に自宅でダラダラ遊んだり。その間に専業主婦の親はお菓子と麦茶を出してくれるくらいで、あとはのんびりしていたのではないでしょうか。少なくとも今みたいな、習い事も必ず親が送迎して……とか、子供が遊びに行ったら互い

に菓子折りでお礼を……とか、余計な気遣いはなかったように思います。

他にも母親自身の習い事やＰＴＡ活動で子との接点自体が少なかった方もいましたし、夫婦仲が悪すぎて家庭の雰囲気がピリピリしており、家にいるのが嫌だったなんて話もよく聞きます。ちゃんとした子育てに気疲れしているのは、むしろ今のワーキングマザーばかりではないか。そう思うと、超人にならずとも、普通の子育てってできるんじゃないかと思わされるわけですね。

特に最近は、子育てに対してやる気がありすぎないか？　と思うことがあります。私の子が通う区立の保育園すらリトミックにモンテッソーリと流行りの育児法を取り入れており、買えるおもちゃは知育の品だらけ。どこにも「そこそこ、いい感じに教育しておきますんで」というグッズはありません。近所を歩けば小学校受験に向けた幼児教室と、インターナショナル保育園が並ぶ。クレイジーです。

ここまで情報を与えられると、「子供へ早くから英語教育をしない自分は悪いことをしているのではないか」とか「ごめんね、インターナショナル保育園に入れられる学費を稼げない親で」と感じる親も出てきます。そりゃあ、林間学校と修学旅行くらいは行かせてあげたいけれど、残りは家庭それぞれじゃん、とはならないのです。

この、子供の教育に対する過度な期待値が、ゆくゆくは「幼少期に保育園へ子供を預けるなんて親失格だ」といったバッシングにつながりうるわけで……。SNSではたとえば、「子供に外見コンプレックスがあるのに、整形させてあげない親は毒親」なんて言説も出てきており、ルッキズムならぬ育児ズムとして問題視しています。

超人でないと子育てができないというのは、超人でないと「世間が褒めてくれるような、ちゃんとした子育て」ができないということです。虐待は言語道断ですが、その外にあるものは家庭によりけり。たとえば私は**「子供が5歳になったとき『生まれてきてよかった』と思う子に育っている」**ことだけを子育ての目標にしているわけですが、どんな小学校に受かるかより、生きていく上でのスタンダードはそんなもんでよくないか？　と思っています。

そして、子供は親の不幸を感じ取る天才ですから、子供が「生まれてきてはいけなかったんじゃないか」と思わないためにも、親が幸せであることってかなり重要です。だから私は夫に子を預けてひとりで遊びにも行くし、仕事も楽しめる最大値までやる。特に仕事においては「あなたのせいでキャリアを諦めざるをえなかった」と、子供に言いたくないからです。

どうせキャリアでくじけるなら「お母さんさ、かなり頑張ったんだけどここが限界だったわ！　すまんな世帯所得はこんなもんじゃや！　ガッハッハ」と言える親でありたい。そう思うと、背筋は伸びるけど、無理はしない。そんなちょうどいいラインが築けたらなあ……と思っています。それが正解かどうかは、未来の子供が判断するでしょう。そこで下の下だと言われたら、謝るしかないのです。

とりあえず定年まではたらく中でも、ありえないトラブルに遭遇し続ける

「とりあえず、定年までのほほんとはたらくか……」と思っていても、そうのほほんとはしていられないのが会社という組織です。まともにはたらいて、管理職になって「いただいた職務の分は頑張るか」と思っている女性の行く手を阻むのが、女であることを利用して出世するやつです。いるわけないでしょ、と思うかもしれませんが、そういうアホを昇格させる上司がいる限り、大企業からワンマン中小まで、そういうトラブルは幅広く起きるんですよ！

そして、こういう女性に限って、自分が「そういう手段」を使ったことを周りに言っちゃうものなのです。つまり、これは出世した女性へのやっかみや憶測ではなく、自白べ

ースで明らかになることが多い。こういうタイプは「上にいる一人の男性から好かれれば、社内政治は万事うまくいく」と考えていることが多いので、体の関係を持ったことで失う信頼を計算に入れていないのです。そんな、古代中国の王朝じゃないんだからさあ……。

上司と寝て関係性を作る方は、社内の飲み会で、ぽろっと「私、実は○○さんと……」と話してしまうだけでなく、取引先やSNSにもその秘密をポロポロします。もう、コンプライアンスがズタズタなのよ。

ただ、大企業では上司もある程度の周期で異動しますから、いずれは彼女を引き立ててくれた男性が消えます。そうすると、もはやパトロンを失った愛人は職場を去るのみ。さすがに公的なクビにはなりませんが、成果次第では年収ダウンや降格も免れないでしょう。驕れるものは久しからず、です。

で、そうはならないのが日本の大半を占める中小企業でして……。そもそも、ワンマン経営で成り立っている企業は、トップに愛されているかどうかが、出世の要になりえます。そこで、体なり愛なりを使ってのし上がろうとするやつは必ず出てきます。トップが老衰で引退するまで、手の施しようもありません。もっと腐った組織だと、いい女を献上することで出世しようとする輩まで出てきます。ここまでくると、オスマン帝国におけるハーレムの世界観ですよ。

その状況も、遠くから見れば「今時そんなやり方が通用するなんて、すごいよねえ」と冷めた目で見られますが、その下でこき使われる人間から見れば、たまったもんではありません。明らかな不採算事業でも、愛人の趣味で采配されてしまうわけですから。

他にも、「ある社員が新興宗教に入っており、自分の同僚の名義を勝手に使って新興宗教の入信願いを出しまくっていた」という事件がありました。年会費は元凶の社員が払っていたため請求が届くこともなく、当事者は知りもしなかったというわけです。

普通なら明らかになった時点で該当社員を解雇して終わりだと思いますが、なんと社長がその元凶社員を気に入っており、「みんなも名ばかりの信者になるだけなんだから、まあいいじゃないの」とヨチヨチして回りました。全然よくないよ！　信教の自由は憲法で保障されてるよ！　私も労基法違反の企業は多数見てきましたが、憲法違反の企業は初めて知りました。

また、消費者庁に資料を求められたら一発アウトな研究データを使って広告を出しているところや、社長一族の家族旅行を経費計上しているという、税務署も真っ青な事例まで。どんな中小零細の話かと思うでしょうが、こういうことは大企業でもありうることです。だから、安易に転職を勧めるわけにもいきません。転職した先でも同じ状況があれば、その方が絶望してしまう。もっと言えば、男女平等に出世している社会では、女性管理職が男を美醜や体の関係次第で選ぶこともありました。男が悪い、女が悪いのではない。少数に権力が集中した組織は、一定確率で必ず腐敗するのです。

そして、腐敗が許せないなら、その会社を出ていくか、自分が出世するしかない。ある友人は、社内政治に性的関係がはびこる実態を目の当たりにし、誰よりも結果を出して出世しました。そして、そういう経緯で出世した人を、全員他部署へ異動させたのです。さすがに解雇はできませんでしたが、彼女の視界に映る仕事はクリーンなものとなりました。

そして、クリーンな文化を維持するのは、あくまで自分のエゴでもあります。非上場の会社で違法行為でもない以上、社員はそうする義務はないからです。けれども、あえて清廉潔白な風土をつくりたいなら、社員ひとりひとりが腑に落ちるまで説得せねばなりませんし、賛同できない方は排除せねばなりません。

百年以上にわたり成功を収めた企業の特徴を記した『ビジョナリー・カンパニー』の2巻目には、飛躍する企業における経営者が「まずはじめに適切な人をバスに乗せ、不適切な人を降ろし、その後にどこに向かうを決めている」と書かれています。つまり、バスに乗る人間＝共にはたらく方を選び、それから動き出すのです。

自分にとって、耐えられない社風があると感じるなら、どうすれば自分と同じタイプの人間を集められるのか、そして、同じバスに乗せない人へどう降りてもらうのか、それこそ社内政治で全力を発揮することが、もう若手ではないわれわれには求められているわけです。

と、きついことを言ったうえで、改めて自営業に舵を切った自分の話をさせていただくと、やはり自分が定義した社風を維持できる今の環境は、このうえなく幸せです。上場やM&Aなどできなくてもいいので、スモールビジネスや副業単位で己の城を持つのは、心の健康によいのかもしれません。そして、女性が「会社組織の変革なんて、待っていられないので」と社長業をやっていく道を多数選ぶならば、それはそれで男社会を「日本の中から変える」作法にほかならないのです。

第5章のまとめ

- 女性が憧れる姿は、サロネーゼからワーママまでめまぐるしく変化しました
- 過去に「正解」とされるキャリアを歩んだ方が、目まぐるしい価値化のアップデートを遂げる社会で苦境に陥るのも当然のことです
- 「子供をちゃんと育てたいなら、キャリアは犠牲になる」という言説の「ちゃんと」は

本当に子供のためになる「ちゃんと」なのかを考えてみませんか

- 自分の理想をかなえたいなら、自分がボスになれる場所をつくるしかありません。クリーンな場所を望むのは自分のエゴでもあります
- 本業で望んだ生き方が手に入らないなら、副業やスモールビジネスでも理想の職場をつくることができます

6

恨んだ上司と同じ怪物になる

VS

私が未来を変えていく

尊敬できない上司のもとではたらけなかった

私が抱える子供っぽさを代表するものに「尊敬できない上司のもとでははたらけない」という問題があります。この「尊敬」とは、決して仕事ができる・できないではなく、人格が尊敬できないとダメというやっかいなものでした。

たとえば、かつて出会った方に、嫌いな社員をいじめるのを楽しみとするタイプがいました。その方は、嫌いな社員について、

「あの薬指の指輪って偽物だよね。本当は独身だって人事から聞かされて知ってるもん。わざわざ指輪までつけちゃって、既婚者ぶるなんて必死すぎて爆笑なんだけど」

「絶対にあの二重は整形だよね。わざとらしすぎて変だもん」

と、あることないこと吹聴するのです。それで病んだ社員が辞めると、次の犠牲者を探してまた陰口をたたく……という、非常に〝素晴らしい〟性格をされていました。

この上司は非常に仕事ができる方だったのですが、どうしてもこの人とはたらくのが無理になってしまい、結局は私のモチベーションがダダ下がりしてしまって終わりました。

社内でも悪口、取引先とも悪口で、こちらの魂が濁ってしまったのです。

とはいえ、性格の悪い上司なんてたくさんいますし「この程度のこと」といえば、その通り。会社はちょっと陰口をたたくのが好きなことに目をつぶれば、莫大な売上と利益をもたらしてくれるこの上司を高く評価していました。私には、それができなかったのです。

それからも、さまざまな組織に属する中「どうして悪さをしたい人」が存在するのだろう？　と、関心を持ちました。ただでさえ仕事が忙しいのに、わざわざ他人に嫌がらせをするなんて暇なんか？　というのが、私の考えだったからです。組織で円滑に仕事を進めたかったら、とりあえず周りへ親切にしておいたほうが楽じゃないか、と。

そこで最初に出会った言葉が「ブリリアントジャーク」でした。名付け親は、NetflixのCEO。「成績は優秀だが攻撃的な社員」をブリリアントジャーク（有能なバカ野郎）と名付け、排除へ動いたのです。そして、同社は対処法として「本人にフィードバックを行い、それでもだめならチームから外す」と、組織に大ナタをふるっています。

ブリリアントジャークという言葉が生まれる以前から、性格に難のある人についてさまざまな分析がなされてきました。たとえば、心理学には「ダークテトラッド」という用語があり、ナルシシスト、サイコパス、サディスト、マキャヴェリストを包括して「悪の特性」として名付けています（このうち最も親しみがない単語である「マキャヴェリスト」とは、謀略を通じて自分だけが得をするように動く人間のことです)。これらの性格はいずれも「共感性の欠如、他人への敵意、攻撃性」を共通点として持つとされます。

このダークテトラッドに「完璧主義者」を追加した5つの性格を私は組織を破壊する素質とみなしています。

組織を破壊する「悪」になりうる素質

●**ナルシシスト**:自分を特別称賛してほしいと願うあまりに、ライバルとみなした相手を徹底的に攻撃する。また、味方にも絶えず称賛を求めるので、周りが疲弊する。頻繁に飲み会を開催し、自分を褒めたたえさせるなど。

●**マキャヴェリスト**:策略で周りを陥れることに喜びを感じる人。チームが売上や利益を上げることよりも、社内の敵を倒すことに集中せざるをえないため、組織の腐敗を招く。また、周囲は敵視されないよう立ち回る必要が出てくるため、ストレスを受けやすい。

●**サイコパス**:良心を持たない人。受けた恩を仇で返すことをなんとも思わないため、信頼で成り立つ組織を壊す。自分を引き上げてくれた上司をリストラ対象に入れるなど。

●**サディスト**:悪口やいじめを喜びとする人。同僚はサディストの味方側にいない限り攻撃されるので、悪口に同調し、いじめのターゲットへ嫌がらせをするしかなくなる。いじめのターゲットにされた人間はいずれ退職へ追い込まれるため、離職率も上がる。

●完璧主義者：自分の成果物と比較して、ひとつでも至らない点があると承認できないタイプ。目的の達成と無関係な細かい点を気にしすぎるので、すべての仕事が納期との戦いになり、全員が過労に追い込まれやすい。また、叱責で部下が病みやすい。

たとえば、私が先ほど挙げたどうしても相いれなかった上司は、部下を虐めることを喜びとしていたわけで、一種のサディストといえます。ダークテトラッドに該当する方が組織にいると、組織は脆弱となるわけです。

しかし、これらの要素を持つ方は有能に見えます。たとえばサイコパスは「良心という機能」を持たない人間です。そして、良心がなければ痛みを伴う決断も素早くできるため、企業経営においてはプラスにはたらくこともあります。実際、オックスフォード感情神経科学センターの研究員ケヴィン・ダットン氏によれば、サイコパスが最もなりやすい職業はCEOだそうで、決断を常に迫られる職業という意味では、ある種の納得感があります。

悪の特性は、時に経営へプラスにはたらく。これは現場にいるわたしたちが、感じることでもあるはずです。常に自分への称賛を求めるナルシシズムの塊みたいな上司が、その承認欲求をばねに無理難題を解決し、自社最高利益をあげるケースも見てきました。周りには権謀術数に長けた人間が上司だったおかげで、一緒に出世街道を進んだ方もいます。

ただ……現代のトレンドは、明らかに「それでも、悪を排除しよう」と動いているように見えます。人材界隈で昨今のトレンドワードといえば心理的安全性、ワークライフバランス、キャリアオーナーシップと、いずれも支配的で攻撃的な方を排除するものばかりです。大企業を筆頭に「たとえ優秀な方でも、メンバーのモチベーションを下げる人間はいらない」と、組織改革が進んでいるように思われます。「良い、悪い」を排して合理的に考えても、たとえば「チームの離職率を倍にする代わりに売上を3割伸ばせる人材」は、求人にかかる費用を追加で発生させているわけで、そこまで利益に貢献してはいないという金勘定もあるでしょう。

ただ、合理的に「悪い人」を排除できる組織というのは、そうないわけです。なぜなら、ほとんどの組織ではこのタイプが実質的な最高権力者だから。社長や執行役員レベルがブリリアントジャークやダークテトラッドなら、耐えるか逃げるしかない、というわけです。

私がダークテトラッドに追加した悪い上司となる要素に「完璧主義」があります。新入社員にも熟練メンバーと同じレベルの成果を求め、病ませてしまう人です。このタイプはえてして自尊心が低く、自分は無能だと思っています。「無能な自分も努力でなんとかやってきて、上司になった。だから、そんな私と同じくらいの成果を出せないなら、努力不足ではないか?」という詰め方で、部下を追い込んでしまうのです。

完璧主義な上司の問題点は、正論詰めにあります。性格や人格ではなく仕事でできないことを微に入り細に入り指摘するので、相手が内心でも「なんだ、あんなやつ」と思いづらいのです。最終的には聞き手が「私が無能なせいで迷惑をかけて申し訳ございません」と追い詰められ、病んでいってしまいます。

実際のところ、大きな組織ではたらく友人は誰もが嫌なやつに耐え、受け流して生きています。本人たちは大変だと思うのですが、それでも流すスキルを持っているのです。それに対して、私は潔癖なのか過敏なのか、「性格の悪さ」に対する耐性がほとんどありません。そばにいるだけで手が遅くなり、判断が鈍る。これぱかりは、どう努力しても対処できませんでした。ただ、撤退戦を何度も経験する中で、「絶対にこんな上司にはならないぞ」という決意を固めました。

ところが、この数年後……私は自分が憎んでいた「嫌な上司」そのものになっていたのです。

そして、自分が気づけば「恨んだ上司と同じ姿」になっていた

どうしてうまくいかないんだろう、と、私は頭を抱えていました。当時、私はあるウェブサイトを運営するプロジェクトを担っていました。私はチームの長として、４人のメンバーを指導する立場にありました。過去の案件を踏襲した企画だったので、１か月もあれば戦略が決まって動き出せるだろうと思っていたのに、メンバーが出してきた案はどれも腑抜けたものばかり。手直しする時間もないからとすべて巻き取っていたので、労働時間は無限に伸びました。

そして、私から否定的なフィードバックをもらうことに疲弊したメンバーは、徐々にチームを離脱していきました。その組織が崩壊せずにいられたのは、私がチームを離脱すると決めたからです。私こそが、組織を壊す側になっているいると気づいたからでした。

なぜ、自分があれほど憎んだ上司の側になってしまったのか。メンバーを、出社できなくさせてしまったのか。ここで反省しなければ、かつて憎んだ相手と同じ存在になる。徹底的に振り返りをして思い至ったのが**「上司1年生の罠」**と**「評価基準の罠」**でした。

上司1年目の罠：最高の平社員は、管理職としてはノースキルだと気づけない

外資では管理職になりたての人間をジュニアマネージャーと呼びますが、まさに名前の通り、マネージャーとしては新入りなわけです。しかし、マネージャーになる人間であるからには、それまで優秀な成績を収めてきた方が多い。社内でも評価されていますから、ある程度「自分は有能である」と信じています。

しかし、この有能さとはあくまで平社員としての有能さであり、上司としての有能さではありません。むしろ、上司としてふるまった経験はゼロなのですから、新卒とスキルは同じです。しかし、そこに気づけない。「自分はこの会社において有能な人材だ」と認識しているからです。

そして「有能な自分」から見たときに、部下は無能に見えます。そりゃそうです。部下のほうが通常は経験が浅く、平社員として修業中だからです。にもかかわらず、自分の絶頂期の成果と見比べて部下を見てしまう。そうすると、部下がどうあがいても優秀に見えず、厳しいフィードバックを続けることになってしまいます。

評価基準の罠：自分の成果と部下の成果を比べてしまう

続いて起きるのが、評価基準の罠です。上司になりたての人ほど自分の成果を満点とした場合に、部下の成果は何点相当か？ という、満点からの引き算で採点してしまいます。そうすると、自分と異なる成果を減点しがちになるのです。

あるとき、上司が私に「なぜ、封筒の宛先の名字と名前の間に、半角スペースを入れたのか」と怒りました。上司にとっては、名字と名前の間には全角スペースを入れるのが常識だったからです。今、これを読んだ全員が脱力したと思います。たとえ法的な書面ですら、スペースが半角か全角かで問題になることはないでしょう。それでもこの上司が私を許せなかったのは、上司における採点基準が「上司本人の書いた書類」だったからでしょう。

この上司を引き合いに出したのは、数年後に私が全く同じような細かい点で「もう、なんでこんなこともわからないんだろう」と、メンバーへイラっとしたからです。ここに改行を入れるのは常識でしょ、社会人何年やっているの……みたいなことを、つい思ってしまった。そのときに、自分も全く同じ愚行を重ねていることに気づきました。

確かに、社会人の初期に習うルールには、学生から見ると細かすぎて「それ、大事ですか？」と思わず言いたくなるものがあります。たとえば、送付状で差出人欄の名前にある「様」を二重線で消すとか、社内チャットでも偉い人順に宛名を書くとか。ただ、そういったルールはひとつ間違えるだけで激怒される顧客や経営陣がいるので、円滑にことを進めるため存在しています。こういうのは「世間でやっていくために必要な茶番」です。

ですが、それとは別に「細かすぎてどうでもいい、その上司だけのルール」も多数ありますよね。えてしてローカルルールは、自分が若手の頃に上司から刷り込まれます。学んだときは上司のローカルルールだとわかって学ぶのですが、長年繰り返すうちに内面化された常識となり、正義となり……。そして、別のやり方をする部下を許せなくなるわけです。しかも、それが脳内では正義となっているくせに、明文化されたルールにはなっていません。洗脳のように刷り込まれたことは、事前に教えるマニュアルには入れられないのです。事前の指導項目へ入れていないのに、できて当たり前だと思い込む。当然、部下はローカルルールなんて知りませんから、想定外の成果物を出してきます。

そうすると、部下へ、

「問い詰めているんじゃなくて、単純に原因が知りたいだけなんですが……。これって、なんでこうなったんですか」

「申し訳ございません」

「いや、謝罪がほしいんじゃなくて」

という、絵に描いたようなパワハラ問答が発生します。自分が一番言われたくなかった言葉なのに、部下へ同じ言葉を使ってしまっていたのです。

虐待された方法でしか後輩を育成できない

これは、「かつて虐待された方法でしか、後輩を指導できなくなる連鎖」です。たとえば私は、毎日9時から26時まではたらくのが当たり前の会社に勤めていました。土日も、盆も正月もなくはたらいていたので、20代の頃は日曜にメールを送っておきながら、数時間以内に返事が来ないとイラっとしていました。「あいつ、はたらいてないな」と。いやいや、日曜だからはたらかなくて当然なのですが……と思えたのは、一度まったりした環境ではたらいてからです。

私の周囲でも、激務経験者には似た傾向があります。自分が若手のときから酷使されているから、普通の人が17時で退社することを文字通り「知らない」のです。ある友人は、出張のため18時頃に電車へ乗ったところ、あまりに多くの人が乗車しているのに驚きました。「今日って何か大きなイベントでもあったっけ？」と考えてからしばらくして、それが初めて「普通の人の定時退社」であることに気づいたそうです。遅くに帰る人は、定時退社する人類を観測できない。こんな具合で、自分の常識があまりにもズレていると、この世には異なるルールがあることすら想定できなくなります。

たとえば、小学生1年生にとっては「時間割」という概念自体が新しく、とまどうかもしれません。しかし、高学年にもなれば当たり前に「今日の時間割なんだっけ？」と考えるはずです。そこでは、時間割がない世界があるという概念はすっかり失われています。下手をすると、親に向かって「お父さんは今日の時間割どうなってるの？」と質問するかもしれません。

私たちはこんな風にして、**簡単に新しいルールを自分事として内面化します。そして、かつてのルールを知らなかった自分を忘れてしまいます。**あのとき、「そんなお前だけのルール、知るかよ！」と上司を恨んだ自分が全く同じルールを新入社員へ押し付ける人間になってしまうのには、この慣れがあるのです。

一度でも偏ったルールをインストールしてしまうと、それがなかった時代を思い出せなくなります。下手をすると、部下が適応できなかったときに「あいつは無能だから、ルールが理解できなかったんだ」と責める上司にもなりえてしまいます。

この問題を知っている組織は、なるべくルールを明文化しようと試みます。たとえば、P&Gでは「上司に気に入られるスライド資料の作り方」という研修がありました。その中では上司の好きな色やフォントを把握して、そのフォーマットを使ってスライドを作れとか、上司へ話を通したいならまずはお茶に誘え、といったことがマニュアル化されていたのです。わざわざそんなことまで言語化するのかと、驚かれるケースが多いのですが、逆にそんなことを言わずとも察しろというほうが暴力的ではないでしょうか。部下から媚びてもらいたいなら、どう媚びてほしいか言語化すべきです。

反省期間を経て、私は「自分のトリセツ」を作りました。

部下へ伝える自分のトリセツの例

●私は深夜にバンバン返事を書くが、それは夜型人間というだけで残業を同じ時間にしてほしいというわけではない。本当に急ぎのときは電話するので、メッセージは土日や深夜に見ないでほしい

●自分は言われないとわからない鈍いタイプなので、しんどいときや仕事がキャパオーバーになりそうなときは、どんどん言ってほしい。言ってくれたらすぐに対処する

●トラブルになったとき「この条件がそろえばなんとかなる」という案を出してもらえると助かる。あなたから見て「絶対にどうにもならない夢のような条件」であっても、こちらから見れば簡単に調整できる条件だった……というケースはよくあるからだ

●どうしたらいいかわからないときは、「たぶん1と2のやり方があると思うのですが」と仮説を立ててもらえるとありがたい。仮説が誤っていても、こちらが考えるときの材料になる。何も仮説がない状態で「どうしたらいいでしょうか」と言われてしまうと、一緒にオロオロするところからスタートしてしまう

●大事な話は夜に教えてもらえたほうが動きやすい。夜型のため、午前中に教えてもらってもイマイチ頭がはたらかない前提で考えていただけるとありがたい

●上司が自分より優れた人間だと思わないでほしい。むしろ私はあなたよりポンコツだからこそ、あなたを必要としている。私に依頼したことで忘れていそうなことがあれば、容赦なくリマインドしてほしい。

こんな具合のトリセツを「わがままで申し訳ないのですが」と添えて伝えておくと、部下にとって自分が扱いやすい上司となることに気づきました。同時に、部下へもトリセツの提出をお願いすることで、その部下が望むことをなるべくかなえられるようにします。

たとえば、「家族が病気がちなので会議はドタキャンするおそれがある。打ち合わせでなくメッセージのやりとりで業務内容を相談したい」「同じ部署の○○さんのことが苦手なので、できる範囲でプロジェクトの共演NGにしてほしい。苦手な理由は○○だから」といったものです。

お互いにすべての希望を確約できるとは限りませんが、要望が言語化されているのとされていないのとでは、仕事の進めやすさがガラリと変わります。1on1や360度評価といった流行りの制度を取り入れるのもよいですが、相手ごとに好みのやり方がある以上、それに合わせるのがよいでしょう。大事なのはお互いに「自分はどうはたらくと心地いいか」を理解し、言語化すること。

これなら、初回の1on1で「私のトリセツを書いてきました。まずは見てもらって、質問をしてもらえますか」とお伝えし、そのうえで次週に部下のトリセツを同じように書いてきてもらうだけでよく、入社後の「自己紹介、どうしよう……」となりがちな、気まずい時間を回避することも可能です。

過去の部下と今の部下を比べて評価する

次に、部下に対するフィードバックです。ギャラップ社の調査では、マネージャーの自己認識と部下の上司に対する評価では、信じがたいほど大きなギャップがあることがわかっています。

●マネージャーの59％が「部下がいい仕事をしたときに褒めている」と思っているが、部下は35％しか褒められたと感じていない
●マネージャーの半数が、部下へ毎週フィードバックをしているつもりになっているが、部下は2割しか「毎週フィードバックをもらえている」と感じていない

つまり、私たちは今の2倍くらい部下を評価しなければ「やったつもり」で終わるわけです。しかも、「あれ、もうやってくれた?」という発言まで評価に含めてはいけません。これはただのリマインドです。評価というのは、部下の成長を促進するために上司が積極

的に行う支援です。

では、優れたマネージャーは部下をどうやって評価しているのでしょうか。部下から指示されて**異例の出世を遂げた先輩方は、過去の部下と今の部下を比較するフィードバックを実施していました。**

「配属当初と比べて、レポートが読みやすくなりましたね。構造化がよくできていると思いましたよ」

「昨日の書類、あの後手直ししてくれたんですね。すぐに改善されたので、とても助かりました！」

と、過去と現在の比較で相手を評価するのです。これなら、部下も成長を実感でき、さらに頑張るモチベーションが生まれます。

ただ、実際マネージャーになってみると、日々とても忙しいことに気づかされます。われわれは部下のフィードバックをするために仕事をしているのではなく、成果を出すためにはたらいています。社内政治にも巻き込まれますし、納期必達のために自分を犠牲にすることも増えます。

その多忙な中で、部下のビフォーアフターを褒める簡単な方法があります。前回部下が出してきたものに対して「自分が思ったこと」を、メモしておくのです。そうすれば、次に部下が同じ書類を出してくれたとき、前回のメモをチラ見して「前はこれが気になったけど、改善されているな」と、確認するだけで済みます。このメモがないと、部下の前に出した成果物のファイルをまた開いて確認し、差を見つけて評価するなんていう、とんでもなく面倒な手順が待っています。それよりも、提出物があったときに「○○ができていたけど、××をもっとやってほしかった」とメモを残すだけのほうが、ずっと簡単です。

前回に比べて成果が劣っているときは、「今回はちょっとしんどかった?」と声かけするのもありです。そうすると、相手も悩みを相談しやすくなります。前はできていたことができなくなった方へ「前はできたのに」と指摘しても、謝罪しか出てきません。

代わりに、「今って業務量どう? しんどい?」という質問であれば、飼い犬が病気で仕事が手につかなかった……など、業務外の背景事情が出てくるかもしれません。そうすればこちらも業務量を調整するなどの対応ができるのです。

熱心に指導すればするほど、部下は辞めます

そして、**後輩や部下に絶対やってはいけないことがあります。それは、「部下を熱心に指導する」ことです。**新田 龍『問題社員の正しい辞めさせ方』では、社員を自主退職に追い込む方法として「熱心に指導し続ける」ことが挙げられています。

私たちは、できない社員に出くわしたとき「なんとかしてできるようにしよう」と考えがちです。そして、作業の経過を説明してもらって改善案を出したり、書類へ赤入れをしたりします。しかし、これをやられた側はどう思うでしょうか。

「先輩は自分を見捨てず、丁寧に指導してくださっている。改善できるように励もう」と思う人などほんの一握り。大半は、

「ここまでキツく指導されても改善できない自分は無能なのだ。もう辞めたい」

と、自分を追い込んでいきます。

そもそも、職場には必ず「できない人」がいるものです。なぜなら、できる・できないは相対評価だから。最もできない人が辞めたら、次のボトム層ができないと評価されるだ

けです。その最下位を底上げしようと努力しても、本人のやる気を奪います。それだけでなく、他のチームメイトも「上司はできる人間に時間を割いて適切な評価をくれないうえに、できない社員にはパワハラ指導をする人だ」と、最低評価を下します。結果、チーム全体のやる気低下を招くのです。

では、どうすべきか。まず、できる社員に割く時間を意識的に増やします。「できる社員・普通の社員・できない社員」に割く時間は、6：3：1くらいが適切です。そして、できる社員を褒め、さらに楽しくはたらいてもらうよう支援します。

そして、できない社員とは1on1を設定し、以下のことを伝えます。

- ○○さんの職位において、私は○○の業務が○○レベルでできることを期待している。
- しかし、現状では○○さんの成果に対して期待の○○％しか達成できていないと思っている。
- 成果を出すために、私ができる支援は○○と○○である。
- 人事評価は○月なので、まずは○月までに改善を期待している。
- もし困ったことや、希望があればいつでも相談してほしい。

このフィードバックは冷たく聞こえますが、実は親切です。なぜなら「できない社員」というのは、上司が何を求めているかがわからず困っているケースが多いからです。自分にどんな業務を担ってほしいのか。どこまで自走してよくて、どこからお伺いを立てるべきか。どんな成果を出すと査定がアップするのか。

これらを知らないからこそ、できない社員は空回りした努力を続けてしまいます。その暴走を止め、正しい路線を伝えるのがフィードバックの役割です。

ここまで伝えてもやる気がない方は、おそらく何もしないでしょう。それならそれで問題はありません。次回の人事評価で下の評価をつけるか、異動させるための手続きを始めるだけでいいからです。実際、自分の部署でできない扱いだった方が、他の部では輝くケースも大いにあります。

たとえば、現場で取引先と仲良くなる天才だった営業担当が、いきなり経営企画部門へジョブローテーションで回されて、数字のミスを突っ込まれ続ける……なんて事故が人事異動ではあるからです。その部下へ懇切丁寧にロジカルシンキングと財務を指導して経営企画としていっぱしにやっていけるようにするよりも、すでにある強みを活かせるよう、他部署へ輩出するのが組織の正解ではないでしょうか。

いやだな、どんどん私の性格が悪くなっていく

と、冷静な助言を書いたところで……こうしてマネージャー経験を積んでいくと、自分の性格が悪くなっていくのを感じます。以前はできない社員へ向き合おう、並走しようとしていた自分が失われて、

「できないメンバーがいる？　まあ、一定確率でそういう人って生まれますわな。で、その人には降格か異動してもらおう。それまではとにかく、気持ちよくはたらいてもらうことを最優先にしましょう。指導するだけ時間の無駄だし」

という、冷静な判断がはたらくからです。

そして、皮肉なことにこのスタイルで指導していたほうが、部下からも好かれます。先ほど書いた通り、部下を熱心に指導すればするほど、上司は嫌われるものだからです。部下目線で言えば改善点なんて、できればなるべく指摘されたくないものです。それよりも、成果が出ていないならその事実を教えてくれたうえで強みを認めてもらい、異動させてくれたほうがいい上司だ、というわけです。

相手のためを思って行動すればこそ、相手へ寄り添いすぎてはいけない。この割り切りができるようになるまでには、時間がかかります。

今の私は、割り切れるかどうかのはざまにいます。弊社のメンバーとして参加してくださった方が、プロジェクトに入ってすぐ「あ、仕事の進め方で周りともめそうですね」とわかった瞬間、私はさっと「では、合わない方ということで……」と切り捨てます。そして、弊社の方針を伝えて、それはできないと答えた方には外れてもらいます。たぶん、このほうが相手にとっても楽でしょう。明確な基準を示されて、どうするかは自分で決めていい。けれどもこうして「誰をチームに入れないか」の判断を下すたびに、私の良心はちくちく痛むのです。なぜ、全員を仲間にできなかったのだろうかと。

しかし、「できない人は割り切って別の部門へ行ってもらったほうがいい」という原則を理解しなければ「つい、熱心に指導してしまった結果として」部下が病んでいくのです。むしろ、ダメな部下を指導してできる人間にしなくてはならないという正義感は、完璧主義という敵である……くらいに考えなければならないのです。

そして、恨んだ相手は謝る前に死ぬ

モヤモヤを抱えつつもマネージャーとして決断を繰り返すうち、自分の上世代も変化していきます。自分が平社員だった頃、職場の人間関係を荒らしていった反面教師の先輩方は大半が出世していきます。**因果応報とか、絶対にありません。**年功序列の企業ならなおさら、ある程度までの出世は確約されています。

そして、早い方だと50代で死にます。「最近あの人、見かけないな」と思ったら、訃報が出ることもあります。部下から恨まれていたタイプの方ですと、取引先からのお悔やみだけが目立って発信されます。そして、形ばかりのお悔やみが終わると、そのまま忘れ去られていくのです。

特にダークテトラッドに当てはまる方は、間違っても自分の過ちに気づくなんてことはありません。病気が見つかるとなぜ自分だけが不幸な目に遭うのだと驚き、いっそ死ぬ前に政敵のあいつだけは仕留めてから……なんて、最後まで戦を仕掛ける人までいます。職場で恨まれるほどの上司になれる人は、そもそもバイタリティにあふれる仕事人間が多いもの。最後まで悪いしぐさをまっとうして、死んでいきます。

初めて何人もの社員を病ませ、生きるか死ぬかまで追い詰めた人があっさり亡くなったのを知ったときは、あまりにも衝撃を受けました。まさに、兵《つわもの》どもが夢の跡。死は万人に平等です。寿命を削ってまではたらいて、得たものが同僚からの恨みつらみだけだったとは、なんとも不思議な気持ちになります。が、生きている間は栄華を極めることもできたうえ、本人はその生き方が幸せに近いと信じていたのでしょうし、外野が判断することでもありません。

ただ、こういう死を何件か目の当たりにすると、「あのとき私を追い込んだ○○を絶対に追い詰めて、謝罪させてやる」といったモチベーションではたらくことの無意味さを思い知ります。あいつに復讐するため、あいつを追い抜いてやるため……といった、闇のモチベーションではたらくことに意義はありませんが、こういう怒りや恨みをベースにした労働意欲は、わりとすぐに息切れします。怒りを持続させるには、相当なパワーが必要だからです。

しかも、相手が例に挙げたような死に方をしてしまうと、目標があっさり失われてしまいます。何のためにはたらくのかを考えるとき変にポジティブな理由を思いつく必要なんてないのですが、怒りや恨みを燃料に使うのは、あまりおすすめしません。相手はあなたに関係なく成功し、死んでいく。そんな自分でコントロールできない対象をモチベーションの源泉にしてしまうと、結局は相手に振り回される人生になるからです。

とはいえ、仕事で受けた屈辱を忘れられないこともありますし、それを理由に頑張れるという時期もあるはず。私が恨む相手が出てきたときにおすすめしているのは「そもそも、私が幸せになるのは当然のことである。そのうえで、あいつも不幸になればさらに良い」と考えることです。あくまでキャリアプランのゴールは自分の幸せに置き、そのうえでサイドメニューとして恨んだあいつが苦しんでもいい。それ程度の重みしか恨みに割かなければ、恨んだ相手にモチベーションを引っ掻き回されずに済むはずです。あなたは、恨んだ相手がいようがいなかろうが、仕事で幸せになっていいのです。

ロールモデルがいないと騒ぐと自分がロールモデルにされる

年次を重ねるということは、同時に憧れてきた先輩の素顔を知る時期でもあります。尊敬していた先輩が、実は社内不倫をしていて泥沼離婚をするとか、仕事ができると思っていた先輩がパワハラであっさり地方へ飛ばされたとか。こちらも山あり谷ありですが、先輩だっていろいろある。そして、自分のロールモデルが破壊されます。

私の場合は、尊敬していた女性の先輩方が次々に離婚していきました。そもそも尊敬していた理由は、大黒柱として一家の稼ぎを担う先進的な女性たちだったからです。その先輩方がいてくれたからこそ、私も相手の年収を気にせず結婚していいんだ、むしろ年収を気にせず純粋な恋愛結婚をしてよいのだ、と信じる勇気ができました。

そんな先輩方が離婚したところで全く動じないのですが、ショックだったのは先輩たちがそろいもそろって、夫に資産を渡さずポイ捨てしたからでした。そりゃあ、離婚を選ぶくらいですから積もり積もった不満もあったでしょう。しかし、「女性のほうが男性よりも稼いでいい、男性が主夫になってもいい」という手本を示してくださった方々が、キャリアゼロの主夫男性を資産もなしに捨てる姿は結構衝撃だった。相手男性も弁護士に相談すれば財産を分けてもらえたでしょうに、そこまで考える隙を与えないあたりまで完璧でした。

そして、この話を富裕層の男性にすると、男性は男性で同じことを妻にやっていると聞かされました。つまり、自分よりおバカで美人の妻をめとり、子供を育てさせる。成人したらお役御免で資産も与えずポイ捨てするというわけです。捨てる側は何年も前から税理士や弁護士に相談し、なるべくお金を与えずに放り出せるよう、用意周到に準備するという話でした。

もちろん、夫婦のすべてがこうだなんて話ではなく、あくまで私の周りにいた「仕事ができて、バリバリ稼ぐ方々」の一部にこういうタイプがいた、ということですが……それにしても驚かされました。愛とは、夫婦とは、仁義とは何だ。あやうく哲学の世界に入るところでした。

しかし、その話を聞いてから数日。逆に私は反省しました。先輩方もただの人であり、良い面も悪い面もある。それを勝手に完全無欠のロールモデルにしたこちらが悪いのです。そして、自分がもう30代である以上、自分も誰かのロールモデルになっている可能性があります。私がその先輩方へ「私の理想像です」なんて言わなかったのと同じように、この本をご覧のあなただって誰かから黙ってロールモデルにされているかもしれない。そして、あなたが人生で大きな決断をするときに、勝手に失望されているのかもしれません。

「そんなこと、知ったことか」と思うじゃないですか。勝手に期待しておいて、失望するほうが悪いのです。こっちだってただの人なのに、まるで聖人君子みたいに持ち上げておいて「やっぱり普通の人だったんですね」と、失望されるほうが心外です。

「女性のキャリアにおいて活躍するロールモデルがない」というのは、人材活用系のインタビューで何度も見た言葉です。ですが、ロールモデルは本当に必要なのでしょうか。どうせ彼女らも人なのに。自分の原理原則を決めたキャリアプランは立てたほうがいいでしょうが、それは先輩と同じ道でなくてもいいのです。ロールモデルが男性でもいいし、子供でもフィクションのキャラクターでもいい。

平社員ならさておき、マネージャーになったならば、必要な資源は自分で取りにいかねばなりません。今どうやって仕事をしたらいいかわからないならば、「ロールモデルがないから無理です」なんてグネグネ言ってもスルーされて終わりです。さっさと、社内外の人へコンタクトして話を聞いたほうがいい。お茶でも飲み会でも、顔を出してみる。そして、学びになる要素だけ吸収して、あとは己でやってみて、組織の成果につなげるしかない。厳しい話ですが、「ないものは自分から取りに行く」姿勢が、唯一平社員とマネージャーを分けるものではないかと思いますし、だからこそ総合職なり、マネージャーなりは他のメンバーより高い給与をもらう資格があるといえます。

ん？　なに？　高い給与をもらえていない？　むしろ平社員だった頃のほうが残業代もついて給与が高かった？

……それめっちゃあるよね!!　転職しよ!!

上司がダメじゃなく、こいつを昇進させる組織がダメ

数行前にノリで転職の話を振ってしまいましたが、真面目な話として転職を考えるきっかけになるのは、社内でどういう人材が昇格するか？ という基準です。ここから口が悪くなる一方ですけれども、出世する人が無能かつ悪人ぞろいだったりすると、もうこの会社がバカなんじゃないの？ と思わされますよね。

過去にご相談を聞いて、相談者さんとともにズッコケたのが「自社にいないイノベーティブな人材を雇おう！ ということで、中途で部長職を採用した。ところがその部長は『男たるものかくあるべし論』を自己紹介で述べるほどの旧人類で、女性総合職が全員硬直。しかも、その女性総合職社員へ向けて、「女性は華があっていい。ぜひ女性らしさを発揮して、情緒や感性に訴える意見をくれ」と、セクハラ研修で真っ先に怒られそうなフレーズを連発した」ケースでした。

こういうアホが1人いるだけでモチベーションはダダ下がりですが、驚くことにその男性は翌年、昇格して役員となりました。しかも、売上や利益などの成果を出したからでな

く、社長と馬が合ったからという理由でした。

こうなったら終わりだよ、終わり。もう転職しよ！　と、はっきり書いちゃいます。なぜなら、信頼できないのはこの上司ではなく、こんな人を昇格させてしまう組織そのものだからです。

たとえば、相性が悪い上司がいるとか、パワハラ・セクハラの通報を考えるレベルだとか、そういうのは人生でどうしても生まれます。そういう相手の倒し方は第2章に書きました。しかし、組織が信頼できないのはもうどうしようもない。社長が引退するまで耐える気力があれば別ですが、もう転職しちゃっていいんじゃない？　と思うときです。

ただ、モチベーションを下げてくるアホがいるときは、衝動的に転職したくなるので注意も必要です。転職には景気があります。自分が驚くほど高い年収で売れるときもあれば、信じられない価格で買いたたかれるときもある。

しかも、近くに嫌なやつがいるときほど、転職先が光り輝いて見えます。冷静になってみれば似たり寄ったりの職場を、桃源郷だと誤解するかもしれません。

ですから、ワーッとムカついた瞬間に転職を決めるのは、あまりおすすめしません。まずは転職エージェントに相談し、現状の景気観を知っておく。そのうえで転職を視野に入れて社外で通用するスキルや資格を取得したり、副業を始めたりするのがおすすめです。

私自身がワーッとなって転職してしまうタイプなので、これは反省の弁として書いていま す。あなたは、同じ過ちを冒さなくていい！

ただし、例外がひとつだけあります。それは、衣食住が侵されたとき。つまり、睡眠や食事の量、体の清潔さを維持できないほど、しんどくなってきたときです。こういうときは、さっさと撤退しないと年単位で休むはめになります。大急ぎで休職なり、転職なりの準備をしていきましょう。

パワハラ最後の世代として社内の暴力にRIPしてやんよ

ここまでが、基本的なおすすめの動き方です。が、**転職したくないほど、自社を愛してやまない場合はどうするか。出世するしかありません。出世して、その制度ごと改革する**のです。

平社員、あるいは課長くらいのレベルで、社内を改革しようなんてどだい無理です。改革とは基本的にトップダウンで始まり、全員を上が説得することで実行されるものです。

われわれも投書箱に意見するくらいはできるでしょうが、上と同じ力を行使することはできません。

もし、自社のパワハラやセクハラを終わらせたいなら、まずはそこで権力者になるしかないのです。そのためには、パワハラもセクハラも耐え抜かねばならないでしょう。自分が加害者側に立つことすらあるでしょう。それでも、上へあがる。そこまで覚悟が決まらないなら、やはり異動や転職が答えになってきます。

たとえば私が現状で出した答えは、自分が社長となって理想の場を作ることでした。今、自分の目の届く範囲においては、ハラスメントを許さない場を作ることができています。そして、会社の成長とともにかかわる人が増えてくれれば、より伸び伸びとはたらける人が増えてくれるだろうと思っています。だからこそ、会社を大きくしようと頑張れる。

とはいえ、何がハラスメントにあたるかは刻一刻と変化していきますし、私自身が加害者とみなされる日も来るでしょう。そのときに若手の意見を受け付けられる人間でいたいと思うこと、これが私の出した「等身大のはたらき方」です。

あなたにとって、等身大のはたらき方は、何でしょうか。

第6章のまとめ

- 周囲のモチベーションを下げる上司は（1）ナルシシスト（2）サイコパス（3）サディスト（4）マキャヴェリスト（5）完璧主義者に分けられます
- 上司1年目は、プレーヤーとしては優秀でもマネージャーとしては未熟です
- 自分の成果物と部下の成果物を比べて評価すると、常に厳しいフィードバックをすることにつながり、相手のモチベーションを下げます
- 部下や後輩へ自分のトリセツを作って渡しましょう。同時に部下にもトリセツを書いてもらい、お互いの心地よいはたらき方をマニュアル化しましょう
- 部下への評価は今の2倍やって、やっと部下が「私は評価してもらえている」と実感できるくらいになります
- 熱心にできない部下を教えようとすればするほど、部下は辞めます
- 優秀な人に時間を割き、できない人へは「期待値はどこか、どこが期待にそぐわないか、どういった方法で改善してほしいか」を伝えましょう
- できない人には「合わない」と割り切って異動してもらったほうが、相手も幸せになり、異動先で活躍するケースがよくあります

✔恨みをモチベーションにはたらくと、相手の進退に情緒が振り回されるので「私が幸せになるのが前提で、嫌なやつが不幸になればなおよし」くらいのキャリアプランにしましょう

✔ロールモデルもただの人です。憧れられる相手がいないなら、自分から社内外に話を聞きにいって、長所だけ吸収してみましょう

✔社内の昇格制度が信じられなくなったら、転職を考えるときです。ただし慌てず自分を高値で売れるチャンスを見極めましょう

✔でも、病んだらすぐ逃げてください

7

「誰かに頼る」が
下手すぎる

vs

「ありがとう」から
始めてみる

「もういい、私が巻き取ります」の悪癖

真面目なマネージャーほどやりがちなのが「もういい、私が巻き取ります」の一言です。この一言を放ってしまうときって、部下や後輩に任せた仕事がとんでもないクオリティであがってきて、しかもそれが「どこから修正指示を出せばいいやら」レベルで、なのに納期がパッツパツで、ええい！ 仕方あるまい！ というタイミングですよね。だから仕方ない。仕方ないけれども、ルール違反です。

かつて、私が尊敬する上司が「トイの仕事、巻き取ってごめん」と謝罪してくれたことがあります。期限に間に合わせられなかったのは私なのに、どうして謝るのですかと聞いたところ「一度任せた仕事を取り上げるのは、プライドを傷つける行為だからだよ」と教えてくれました。

そう、私たちは、仕事を任されることにプライドを抱きます。そして、巻き取られるということは、プライドを傷つけられる行為にほかならないのです。もちろん、成果物のクオリティが見合わないのは本人のせい。ですが、その仕事を「この部下ならできるはず」

と依頼したのに、達成させられなかったのは上司のせいなのです。

だから、謝る。相手の尊厳を意識した上司のふるまいに、私は当時感動し、今も思い出すだけで感動し直し、今後も感動しっぱなしでしょう。**仕事とは、私たちの尊厳にかかわることなのです。**

自分が部下だったとき、さんざん上司に巻き取ってもらって「プヒイ……無能で申し訳ございません……」と涙を流したのに、いざ自分が先輩になるとそんな過去をすっかり忘れて、なんでこんなクオリティのものを出してきたんだ！　と怒ってしまうものです。われわれって、立ち位置で手の平をクルっとできちゃうもので。やだねえ。

もっとも、最初から裁量が小さい仕事を任せることに、謝る必要はありません。「細かくチェックが入るし、リテイクも多いけど気にしないで。そういう仕事だから」とあらかじめ言って、ときには共に愚痴るだけでなんとかなります。しかし、一度任された仕事を奪われる行為に、人は強く傷つきます。だから、人に任せた仕事を巻き取るのは最終手段なのです。

ただ、その人の成長を信じて「最終提出物にするためには、あと170か所を直そう！」と何度もフィードバックをすると、P.184にも書いた通り離職へとつながります。ですから、フィードバックはなるべく手短に。そのうえで「ごめんなさい。今回については、

○○さんの独力だとたぶん提出できるレベルまではたどり着けないかもしれません。今回の目標は『○○ができる』に設定させてください。次回以降でステップアップしてみませんか」と、ゴールの高さを下げます。こうすることで、相手は自分を責めすぎることなく、ベストを尽くしてくれるからです。

自分が努力してきたからこそ、できないのが許せないんだよね

さて、新米だった頃は仕事を巻き取られては傷ついてきたはずの人間が、いざ上司になるとなぜ巻き取り大魔王になれるかというと、過去に自分が努力してきたからですよね。新人だった頃に、「なんで○○ができてないんだ!」と怒られ、巻き取られ、無力感を味わってヒイヒイ言いながら努力してきて、今の自分がいる。

だから、「いくら何でも○○歳にもなってこんな成果物出さないでしょ」というものが出てくると、キレてしまうわけです。こんなの、新卒の私だってできたぞと。

しかし、人によってスキルには差があります。能力の話ではありません。自覚を促され

たかどうかの話です。私は仕事柄、大手企業の取材や常駐案件を多数担当してきました。そこで驚いたのが「大手企業、信じられないほどMicrosoft Office Specialist（以下ＭＯＳ）の研修やってない。それどころか社員の同スキルがどれほどのものか、査定すらしていない」という事実です。

かくいう私も、Ｐ＆ＧでＭＯＳ研修は受けていません。当時の私は印刷や保存のショートカットキーすら使えず、セルは結合するわ、色でデータを区分けするわ、少しでもExcelを触った人間なら私を処刑したくなるファイルを作っていました。そして、私が資料をピーピー言いながらいじっているのを見た先輩が「まさかこれをショートカットキーなしでやってたの……？」とドン引きして、内輪のチーム講習をやってくれたくらい、ひどい有様でした。

世界最大手の日用品メーカーに勤めてもこのザマです。もちろんできないのは自分のせいですが、恐ろしいことに当時の私はExcelをまともに使えないという自覚もありませんでした。自覚がないから、研鑽も何も積みようがなかったのです。

似たようなことが、他の大手企業でも多発しています。私が経験した範囲で知っている「パソコンが使えない」のレベルはざっとこんな具合です。

●Wordで文章を修正したときに、履歴を残す方法がわからないので取り消し線を使う
●メールに添付されたPDFファイルを開く方法がわからないのでFAXで送ってもらう
●Excelで関数を使った会議の日程を記す方法がわからず、全部ベタ打ちする
●Excelで作られた請求書のテンプレートへ金額だけを記入せず単位も書き込んで計算できなくする

ＩＴ企業にお勤めの方などは「こんな人、いるわけないっしょ」と笑うわけですが、現実を直視してくれ。世の中にはＭＯＳやメールを正しく使えない人がわんさかいるのです。もちろんここでは「Excelは使えないけど、Googleスプレッドシートなら余裕です」という人材の話はしていません。それ以前の話じゃ。

けれども、これらの方々が努力していないわけでもないんですよね。必死でやっている。ただ、これまでに「あなたって、ＭＯＳちゃんと使えてないよ」と言われたこともありませんし、研修があることも知らない。大手企業ならオンライン講座が受け放題だったり、任意の講習があったりするものですが、まず「できない」と言われていないから受ける動機が生まれていない。その段階にいるだけなのです。

確かに、全部罫線で描かれたグラフとか、取り消し線とコメントが入り乱れる修正原

稿とかを見ると「すんげえファイル開いちゃったよ」と驚愕するのはわかります。しかし、それは本人が指導を全く受けたことがないというバックグラウンドのせいであるケースがほとんどなのです。「そなたは率直に申し上げると全くもってExcelが使えていない。まずは黙ってこのeラーニングを受けるのじゃ」で済むケースが多い。それを「努力した結果でこれしかできなかったやつ」と勝手に失望して、巻き取って、干すのは早すぎませんか？という話です。

Officeの使い方を自分で後輩や部下へ熱心に指導すると、これまたパワハラちっくになり、離職率アップに貢献します。その人のためを思うなら、無言で研修プログラムや本を紹介してあげてください。そのうえで全く学ぼうともしてくれないのであれば、それは人事評価で判断すべきフェーズでしょう。

勝手に引き受けて、勝手につらくなっていく

その他にも「プレーヤーとして優秀な人ほど、キャパオーバーぎりぎりまでの仕事を引

き受けがち」という問題があります。炎上している案件も、莫大な工数のお仕事も、まあ最悪週末を使えば、徹夜すれば、〇〇すれば……と、自分をすり減らして達成してきた過去がある。しかもそれが「悪い成功体験」になっているので、次もぎりぎりまで仕事を引き受けてしまう。これは何を隠そう、私の癖です。この原稿を書いているのは深夜4時。仕事が増えすぎて「どうしてこうなった？」と泣いているみなさん、私はあなたの味方です。

限界まで仕事を詰め込みすぎるのはただのマゾということで片づければいいのですが、それで人を恨むようになったらおしまいです。けれども、限界まではたらいているとどうしても心理的な余裕がなくなってしまいますよね。相手は普通に仕事のラリーを返してきているだけなのに「私がこんなに忙しいのを誰もわかってくれない！」と怒りだすこともある。いやいや、忙しくしているのは自分でしょ、というわけです。

こういうことを書くと、「トイさんの仕事は裁量権があるから……」とか「私以外にこの仕事を担当している方がいなくて」といった話が出てくるのですが、このあたりは大概幻想です。私の過去担当した仕事には裁量権が極小と言えるくらいの業務もありました。それでもお互いに頼り合うことは可能です。また、「自分しかこの仕事をやっていないから、人に頼ってはいけない」というのも大いなる誤解で、実は他の人って、自分の仕事を周りに相談しまくっています。無理なときは上司の手すら使っています。

この「頼る」を苦手にしている方は、**仕事で人の力を使うことが必須スキルであるという認識がないように思われます。**むしろ、タブーだと思っている節すらある。実際には逆で、仕事は頼らないと始まらないのです。

仕事は「人に頼らなくてはいけない」もの

第1章で「仕事は断ってもいい」と書きました。が、それに加えて「仕事は一人で回さず、周囲へ頼りまくらなくてはいけない」という話があります。頼ってもいいのではなく、頼らねばならないのです。

たとえば、一流アーティストと呼ばれる人ですら、作曲後の編曲、ミキシング、演奏などは人に頼っています。この世に唯一無二、自分にしかできない仕事なんてほぼないのです。「これは自分にしかできない仕事だ」というのは、大体が幻想です。

他にも、私はライターですが、執筆の補助をよく依頼します。ひとつ前の書籍『弱者男性1500万人時代』では私が話した音声データをもとにライターさんへ初稿を作ってもらい、それを手直しして書籍にしました。また、私は昨年からnoteで毎週ビジネス書のレビューを掲載していますが、掲載に先駆けて本を読んでもらい、要所をピックアップする業務を2名のライターさんへお願いしています。

「自分で書かないのに、それでもライターか？」と聞かれたらおっしゃる通りなのですが「文責を負う」「最後は私が書く」という部分で責任者としての自分がいると思っていますし、参加してくださった方々の名前は明記します。また、最終的にはチームメンバーも単著を書けるようになっていただきたいので、編集者さんに出す企画書や構成案をなるべくオープンにします。相手にとっては経験と謝礼が手に入り、私は工数を減らしながら執筆物の質を維持できる。この関係性が「チームに頼る」の理想的な姿だと思っています。

ライターの私がチームで執筆すると異端に見えるように、もしかすると漫画家さんもかつては「アシスタントを入れるなんてとんでもない」という風潮があったのかもしれません。「背景を自分で描かないなんて、それでも漫画家か！」とか、言う人も当時はいたかもしれない。けれども、今それを言う人はいません。なんなら、『ゴルゴ13』のさいとう・たかを先生のように、ご自身の死後にチームが漫画制作をそのまま続けるケースすらある。これぞ、業務の脱属人化の究極系です。

仕事を周囲に頼ることができれば、チームはお互いの業務を理解できます。そして、いざというときにサポートできるようになります。たとえば、ダメな上司の典型例は「その上司がぶっ倒れたときに、誰も上司の業務の全体像を知らない状態が発生する」ことです。自分の仕事を任せず、頼らずを続けてしまうと、いざというときに大トラブルへとつながってしまう。ですから、自分の業務を相談したり頼ったりして周りに見せ、属人性を失わせていくことは必須といえるわけです。

仕事で頼りすぎて縁を切られるのは丸投げしているから

という話をすると、必ずといっていいほど相談をいただくのが「仕事で頼りすぎて距離を置かれました」というご相談です。この場合は頼っているのではなく、仕事を丸投げしているケースが多いのです。

「頼る」と「丸投げする」の違いは、以下の通りです。

仕事で人に「頼る」状態とは		仕事で「業務を丸投げ」する状態とは
仕事の目的を伝える	⟷	業務の目的を示さず、全てを任せる
業務の一部を切り出して必要なサポートを依頼する	⟷	業務の一部ではなくすべてをお願いする
依頼内容を具体的に伝える	⟷	依頼内容があいまいで、次に何をすべきかわからない状態で渡す
ミスが起きたら、関係者へは自分が真っ先に謝罪する	⟷	問題が発生した際は、相手のせいにする
自分も責任を持ち、相手と連携しながら業務を進める	⟷	自分は責任を負わず、相手がどんな状態にあるか確認しない
相手の負荷を考え、適切な範囲で依頼する	⟷	相手の負担を考えず、全部お願いする
必要に応じて1on1でフィードバックを提供し、相手の成長へ貢献する	⟷	フィードバックを行わないため、相手が得るものが給与・謝礼のみ

想像してみてください。このリストの「業務を丸投げ」された状況で自分が業務を進めることを……。端的に言って地獄ですね。地獄を作らないようにしましょう。今すでにダンテの地獄篇が始まっているならば、まずは現状を確認してください。メールのccに自分が入っていないなんて言語道断です。その人が突然バックレたら本物の地獄だよ！　これは経験談です！

特にうっかり忘れがちなのが「仕事の目的を伝える」こと。どのような業務にも最終目的がありますが、これを知らせないで業務を任せると、相手は大体暴走します。当然です、敷かれたレールが向かうべきゴールの駅がわからないのですから。暴走した相手を責める前に「そもそもこの仕事の目的は○○が××になることであって……って伝えたっけ?」と思い出してみてください。業務の目的を伝えずに察してもらおうと思うと大やけどします。同じ部署にいようが、隣のデスクだろうが言わないことはわからないのです。

仮に取引先への提案書を作る場合でも「今回は初回なのでとりあえずたたき台を持っていって、相手の反応を見たい」なのか、「かなり完成度の高い提案を出し、その場で決済者の承認を得たい」なのかで作るべき資料も変わります。仕事は目的ありき。必ず細かな依頼事項を伝える前に、目的を伝えてください。

実際に誰かへ仕事を依頼するならば、以下に挙げる最低限の内容は伝えましょう。

人へ業務をお願いするときに書くべき項目

●業務の目的
●どうしてこの業務が発生しているか
●どんな具体的な業務を依頼したいか
●期限

次ページに実際にお願いするメールの例文を書いてみたので、ご覧ください。

で。「ここまで工数をかけて頼るなら、やっぱり自分がやり切ったほうが楽なんじゃや?」と思う方も出てきますよね。最初はその通りです。初めて業務を切り分けて頼むときって、どうしても引き継ぎが大変なもので……だったら自分でやったほうがいいと、無限残業を選ぶ方も少なくありません。

しかし、これを繰り返すといずれ破綻することは、言われなくてもわかっているはず。どこかで腰を据えて自分の業務を切り出し、人に頼める状態にすること。これができていれば、いざというときに全く困りません。たとえばインフルエンザになっても「すみませ

（タイトル）〇〇の業務についてご相談

（本文）
〇〇さん

お疲れ様です。
〇〇部門の〇〇です。

いま、再来月の予算会議のため、
すでに決まっている新規事業への予算を
2,000万円確保したいと考えています。

point
目的

ただ、昨年比で予算が増えてしまうと
会議で揉めそうなため
代わりにカットできそうな項目を
リストアップしたいと思っています。

point
どうしてこの業務が
発生しているか

私が営業にかかる予算にうといため、
今週木曜日中までに
営業関連の予算を必要度順に並べ替えて
いただけないでしょうか。

point
どんな具体的な業務を
依頼したいか（期限）

何かご不明な点がありましたら、
いつでもご連絡ください。

何卒よろしくお願い申し上げます。

（メールの署名）

ん、倒れました！　このファイル見てもらえれば全部わかります！」状態をつくれます。

しつこく書きますが、人に頼るのはチームで仕事をしている以上は義務です。何があってもクビになりたくないから、減給や冷遇を覚悟してでも属人性を高めたいと思うのでない限り、「人に頼る」を業務に入れ込みましょう。

仕事で頼る最初の一歩は、些細な依頼と過剰なお礼

とはいえ、仕事で頼るときに逐一先ほどのリストを遵守していたら疲れ果てます。まずは「とってもささやかなこと」を依頼してみませんか。たとえば、一本メールを書いてもらうとか。

以前、私がはたらいていた会社で同僚から「このクレームにどう答えたらいいですか？」と相談をいただいたことがあります。私はその部署の人間でもないし、上司でも部下でもありません。ですが、頼ってもらえるのはうれしいことです。「私だったらこう返しますかね……」と自信なさげに返信すると、「ありがとうございます！　そうか、こう返せばよ

かったんですね！　やっぱりトイさんに相談してよかったです！」と返ってきました。

ズッキューン。私、あなたのこと、好きかも。その方への好感度はうなぎ登りになりました。チョロい。観察していると、その方は方々へ自分のささいな仕事を相談し、過剰なほどのお礼を言うことで好かれていました。つまり、私への相談も、その方なりのサバイバル術だったわけです。賢い……！

人は案外、頼られるのが好きな生き物です。自分にとって苦にもならない程度のことをやってあげただけなのに、相手が感激してくれたら……自尊心が満たされます。人のために行動することで、自分の幸福度が上がるという調査も複数あります。私たちは周りに頼りまくったほうが楽ができるうえに、周りも幸せにできるものです。「頼るなんて許されない」なんてことはありません。むしろその逆で「私が頼ったから、あなたも幸せでしょ?」くらい思っていていいのです。もちろん、丸投げはダメですが。

周りとうまくやるために頼るときは、頼んだ内容と比べ物にならないくらいオーバーな感謝を示すことがポイントです。感謝するのが下手な人ほどプレゼントで感謝しようとしますが、モノよりも言葉です。メールで感謝し、対面したときも「この前の件、本当に助かりました～！」と伝えてください。それが何よりも大きな対価なのです。

特に感謝上手な人がよく使っているフレーズを盗んできましたので、よろしければ使ってください。


「〇〇さんに相談して本当によかったです！」

「〇〇さんにしか頼めないことだったから本当に助かりました！」

「〇〇さんのやり方、勉強になります！」

「いつも〇〇さんのお仕事の進め方がスマートだなと思っていました」

「上司も〇〇さんの対応法を絶賛していました」


恥ずかしいのは最初だけ、慣れればいつでも言えるようになります！　心にもないことを……と思わないでください。逆です。感謝の言葉は書けば書くほど、心にも思えるようになります。怪しいスピリチュアル本っぽいことを書いてしまいましたが、文面に表すことで自分の感情が言語化でき、強く感じられるのは事実でしょう。まずは「ありがとう」を、ビジネスの場でも言葉にしてみてください。

特に、「第三者が褒めていた」のを伝えると、まっすぐに感謝を伝えるよりも媚びている感が減り、信じてもらいやすいのでおすすめです。ただし、上司の発言などを捏造すると、後でぼろが出るので本当に褒められていたときだけ活用してください。

簡単に仕事で頼れるようになる、業務依頼のテンプレート

ここまでは原理原則を書いてきましたが、実際に人へ頼るとしてどうすれば……？　と止まってしまっている方もいらっしゃると思います。そこで、次ページに業務依頼メールのテンプレートを作りました。テンプレートはコピーしてもらってかまいませんので、ご自由にお使いください。

業務を依頼するときは「あなたならどうするか」と聞いてみるのが一番楽です。これなら相手のために具体的な資料を作ってあげて、懇切丁寧にマニュアルを作る手間がないからです。類似した事例があれば「似たようなことをやったことがあるので、これをご覧ください」と添付するだけでも済みます。

まずはこういう、相手にとって答えやすい相談を投げかけてみましょう。相手が忙しいと返信をもらえるまでに時間がかかるので、緊急案件は投げないほうが賢明です。本当に緊急でわからないことがあるときは、そもそも上司へ相談すべきですし……。同僚との関

（タイトル）〇〇の業務についてご相談

（本文）
〇〇さん

お疲れ様です。
〇〇部門の〇〇です。

現在、〇〇の仕事を進めているのですが、
知識不足からどうしても詰まっており、
その分野に知見を持っていらっしゃる
〇〇さんならどう対応されるか、
ご相談させていただけないでしょうか。

目的としては〇〇を達成したく、
いま〇〇をしなくてはいけない状況です。

お忙しいところ申し訳ありませんが、
お力をいただけますと幸いです。

（メールの署名）

係をよくするためだと念じながら、「頼ること」へチャレンジしてみてください。

頼る人は、頼られる人になる

そして……。仕事をたくさん頼れる人は、いずれ頼ってもらえる人にもなります。思い浮かべてみてください。なんでも自分で抱え込んで、ピリピリした表情で仕事を巻き取っていく「できる人」と、仕事を周りにしょっちゅう相談していて頼りなく見えるけれども、お礼を笑顔で言ってくれて、最後はバシっと責任を負っている人。どちらのほうが話しかけやすいでしょうか。間違いなく後者でしょう。

この世に理想のロールモデルがいない以上、私たちは**自分の延長線上にある理想の自分を描いていくしかありません。**そして、大半の方が妄想する「できる人」って、周りから頼られて、責任を負える方だと思うのです。そして、困ったときに頼ってもらえる雰囲気は、意識的に作らねばできないものです。生まれながらに人当たりのよい方もいますが、よそはよそ、うちはうち。無愛想なら笑う練習をするしかないし、お礼を言う習慣がないならコピーした文章でも書いていくしかない。もはや感謝は内面の話なので、著者の私もタッチしません。**感謝がゼロでもいい、周りに笑顔と感謝を見せてくれ。**

頼られやすい雰囲気の出し方は、人当たりがいい同僚を見て学ぶのもおすすめです。個人的に学ばせてもらったのは、

「悪い報告があがってきたら、相手へ『報告してくれてありがとうございます』と伝える」

「自分の地位を脅かしそうな人を見つけたら、その方がどこでインプットしているかを教えてもらって、仲間にする」

「どんなに忙しい日もお茶を飲む時間を取って、周りに『今なら話しかけられそう』オーラを出す」

といった、どれもささやかで、そして大切なことです。

周囲から頼られる人は、こうした技を無意識にできるほど習慣化しています。ですが誰も、生まれながらにこんなことができるはずもありません。人に頼ることや、感謝が上手な方もおそらく、どこかで悩んで意図的に感謝を表すすべを身につけていったのでしょう。

最初からすべての所作をまねできなくても全く問題ありません。今、頼られているリーダーにも苦手な分野があります。私たちはもしかしたら、リーダーが苦手とする分野で先陣を切っていたのかもしれません。ですから、相手より劣っているなんてことはないので

す。他の分野を頑張った代わりに、私たちは「わかりやすく感謝する、人に頼る」という科目をまだ履修してないだけ。少しずつ身につけていけば絶対に変われます。

あなたと同じくらい……いいえ、あなたよりポンコツな私もここにいます。そして、この本を読むくらい努力家のあなたは、きっと私より先にマスターできるはずです。

第7章のまとめ

- 一度任せた仕事を巻き取るのは最後の手段。なぜなら、途中で仕事を奪われると相手の尊厳が傷つくから
- 任せた仕事の成果が期待値にそぐわないときは、ゴールの高さを下げて依頼し直すとスムーズにいきやすい
- やる気がないのではなく「自分ができない側だと自覚するチャンスをもらえなかっただけの人」がたくさんいる。その場合、適切な研修を案内するだけでレベルアップしてくれる可能性がある
- 仕事で人に頼るのはタブーどころか「やらなくてはいけないこと」である

- ✔ 仕事を任せすぎて距離を置かれるのは、頼っているからではなく丸投げしているから
- ✔ 戦略的に「人へささいなことで頼って、過剰なほどお礼を言う」をやるとチームの雰囲気が和やかになる
- ✔ 自分で思えていないことも、書いているとそう思えてくるから、仕事を依頼した後の感謝は過剰なほど書き記したほうがいい
- ✔ 感謝の示し方は周囲の「頼られているリーダー」から学ぶ

特別付録

あなたの「はたらく」を楽にする99の質問

この付録では、
あなたが自己分析に
用いることで
「はたらく」が楽になる
質問をご用意しています。
質問項目は
それぞれの章に
対応していますが、
本をご覧になる前でも
お答えいただけます。
できればメモ帳アプリや
ノートとペンを用意して、
各質問の回答を
書き込んでみてください。

自分の仕事における価値観を自覚する（第1章の振り返り）

1 まずは、あなたが理想とするはたらき方を教えてください。理想のはたらき方について、3つまで条件を書いてみましょう。

2 次に、過去へさかのぼります。あなたはどんな小学生でしたか。全体像ではなく「特に今の価値観へ影響を与えていそうな思い出」を1つ書いてください。

3 あなたはどんな中学生でしたか。同じように、今の価値観につながっていそうなエピソードを1つ書いてください。

4 あなたはどんな高校生でしたか。同じように、書いてください。

5 これらの記憶を総合して、過去のあなたは「どんなふうにはたらきたい」と考えるようになりましたか。

6 学生時代に得たはたらき方の価値観と、今のはたらき方の価値観に違いはありますか。

7 今、理想とするはたらき方は「学生時代につくられたはたらき方の価値観」とどう変化したのでしょうか。

8 自分の「現実の」はたらき方を採点するとしたら、10点満点中、何点ですか。

9 仕事がこのままの進め方では立ち行かないのではないか？ と、不安に思ったことはありますか。それはどうしてですか。

10
「立ち行かないのではないか」と考えていながらも、なんだかんだ今までのやり方でうまくいったことはありますか。

11
その今までのやり方は、どうしてこのまま続けると立ち行かないのでしょうか。

12
あなたがこれまでに「なんとかなれ」と、努力や気合いでカバーしてきた仕事はありますか。

13
努力や気合いでカバーするあなたの中に「嫌われたくない」「評価されなければならない」「波風を立ててはいけない」という気持ちはありますか。

14
その「嫌われたくない」「評価されなければならない」「波風を立ててはいけない」気持ちを持たずに済む環境があるとしたら、どんな環境ですか。

15
ここまでの回答を踏まえて、自分の「理想的なはたらく環境」を妄想するとどんなキーワードが出てきますか。

16
同様に、ここまでの回答を踏まえてあなたが理想の環境ではたらくのをとどめてしまう原因は、何があると思いましたか。

17
「今までなんだかんだうまくいった」ことをやめてでも仕事のやり方を変えることで、どんなはたらき方をしたいですか。

18
ここからは、あなたの才能について探っていきます。幼少期を振り返って「努力しなくても褒められた」作業やふるまいはありますか。

19
どうしてそのふるまいは褒められたのでしょうか。

20 その、あまり努力しなくても褒められることを応用して、仕事にできそうな職種や業務はありますか。

21 あなたの得意なことをさらに能力として発揮している人を、身近な人や有名人から探して書いてみましょう。

22 その「目標となる人」はどんな部分であなたの強みをより発揮していると思いますか。

23 その「目標となる人」へ近づくために、今すぐ起こせる行動には何がありますか。

24 これらの質問に答えることで、あなたの感情はどう変化しましたか。

仕事の悩みに対する解決策の視野を広げる（第２章の振り返り）

25 あなたの「辞めたい度」は「明日にでも辞めたい」を10として「全く辞めたくない」を1とするなら、10段階でいくつですか?

26 どうして辞めたいのでしょうか。苦しみの原因はどこにありますか。

27 これまでに、似た苦しみを味わったことがありますか。

28 その苦しみは、どんな環境ではたらけば減らせると思いますか。

29 自分の苦しみが減るはたらき方について、上司へ相談できそうな雰囲気はありますか。

30 睡眠の量と質、食欲、清潔でいることなど、普段の生活から大きく変化したことはありますか。（もしそうなら、ここで回答をやめて専門家に相談してください）

31 上司との対話、副業、異動、上司を倒すなど、本書には多数の「辞める」以外の可能性が出てきました。自分のはたらく環境をよりよくするためにあなたが最も惹かれる選択肢は、この中にあるでしょうか。

32 自分が真っ先にキャリアの選択肢について相談するべき「社内政治においてなるべく中立な人」の名前を書いてください。

33 次に相談するべき、「偉い人から見て、体面をつぶしてはいけない方々」をリストアップしましょう。

34 最後に提案を出すべき、偉い方の名前を書いてみましょう。

35 もし仲間をつくって社内の環境を変えるとしたら、あなたが声をかけられる方はどなたですか。名前を書いてみてください。

36 次に、転職の選択肢も見てみましょう。あなたがはたらくことを考えられる業種の「〇〇業界　年収」で検索してみてください。より年収が高そうなのはどの業界でしょうか。

37 ここまで書いたうえであなたの「辞めたい度」は10段階でいくつになりましたか。その理由も書いてください。

はたらきやすい人間関係をつくるために（第3章の振り返り）

38 あなたは仕事が「できる側／できない側」のどちらだと感じていますか。

39 あなたのいる会社ではどんなことができると「できる人だ」と評価されますか。

40 今抱えている業務を1つ想像してください。そのうえで、①その仕事をやる目的 ②実務として何が業務に含まれるか ③業務を進めるうえでやったら失礼なことは何かを、想像でかまわないので列挙してみましょう。

41 そのうえで、自分の行動の何を変えるとよさそうでしょうか。すぐに取り掛かれる行動計画を書いてみましょう。（例：顧客ごとにやってはいけない行動をリストアップして、上司に見てもらう）

42 あなたの勤め先の「人事評価の時期」はいつですか。

43 人事評価の2か月前から社内政治に取り組むとして、あなたが取り組みを開始すべき日はいつですか。

44 あなたはどれくらい社内政治へ注力したいですか。本文P.96を読んで決めましょう。

45 部署にいる主な人たちの相関図を書いてみましょう。まずは、人の名前を書いて「仲良し」と「いがみ合っている」関係を線で引いてみてください。

46 相関図へ「権力を最も持っている方」を10点、「全く権力がない方」を1点とすると仮定して、全員を採点してみましょう。

47 「権力を持っている」スコアが8点以上ある方のうち、あなたが誰についていくかを決めましょう。

48 ついていくと決めた方について、あなたが好きなこと、嫌いなことを思いつく限り列挙しましょう。

49 あなたが今すぐ取り掛かれる、ついていく方へ好かれるための方法を書いてみましょう。

50 想像してください。あなたは、ついていくと決めた方と仲良くなるために、簡単な相談をするとします。どんな相談をするか、ここに書いてみましょう。

51 誰に「ついていく方」についてよい噂を流すと、当人へ伝わりやすいでしょうか。噂を流す相手の名前を書いてみましょう。

52 もし、孤高ポジションを目指すなら……と仮定して、あなたにしかできない属人性の高い業務があれば、メモしてみてください。

心身ともに健康にはたらくために（第４章の振り返り）

53 あなたの仕事内容は、将来にわたってずっとありそうな仕事ですか。まずは、5年先の未来について考えてみましょう。

54 もし将来的に自分がはたらく業種や業界そのものがなくなるリスクがあるとしたら、どのようなものがあるか書いてみましょう。

55 そのうえで「こんな不確実性があるのだから、私がキャリアプランを描けないのもわかる」と、文章に書き起こしてみましょう。

56 若い頃のキャリアプランから漏れがちな「健康面での変化」があれば、書いてみてください。

57 自分だけでなく、家族にも健康面でのリスクがあれば書いてみましょう。

58 そのうえで、すぐにとりかかれる「体のメンテナンス」に何があるか、考えて書いてみてください。

59 親族でフレイル（体や心が弱った）状態にいる方はいますか。

60 相談できる地域包括支援センターの電話番号と、受付時間をここにメモしてみてください。わからない方は「市区町村　地域包括支援センター」で検索して書いてみましょう。

61 あなたが「遊びも、仕事もしない休日」を1回つくってください。その日付をここへ書いてみましょう。

62 自分がこれから行いたい心身のメンテナンスの方法があれば、書き記してみましょう。

私生活を楽に充実させる（第5章の振り返り）

63 今、この本を読んでいるときに「世間で憧れとされている人」はどんな生き方だと思いますか。想像でもかまわないので、書いてみてください。

64 世間で憧れとされる生き方と、あなたが個人的に憧れる生き方に違いはありますか。その差に焦点を当てて、自分の憧れる生き方を書いてみてください。

65 比較するために伺います。今から20年前に「世間で憧れとされている人」はどのような方でしたか。検索してみてください。

66 では、20年前に憧れられた生き方をした方は、今ならどういう評価を受けるでしょうか。

67 目まぐるしくはたらき方に対する価値観が変わるうえで、あなたが今憧れているのではなく、「実際にやっている生き方」にはどんなメリットと、リスクがありますか。可能ならば、生成ＡＩに質問してみましょう。生成ＡＩへアクセスできる環境になければ、自分で想像して書いてみてください。

68 ここまでの回答を踏まえ、あなたの理想とする職場環境を書いてみましょう。

69 理想とする職場環境を実現するためにできることを「なるべく多く」書いてみてください。手段は異動、出世、起業、転職、副業となんでもかまいません。

70 自分の理想的な職場環境をつくるために、今からできそうな手段をひとつ選ん

71 で、今から1か月以内に起こせるアクションを書いてみましょう。書いたアクションを忘れないように、手帳やカレンダーを開き、来月の同じ日付に「先月自分に約束したアクションを実行したかチェックする」とメモしましょう。

よりよい職場をつくるために（第6章の振り返り）

72 あなたの周りに、嫌な上司や先輩はいましたか。その方はどんな方ですか。本著のP．168に出てきた①ナルシシスト　②サイコパス　③サディスト　④マキャヴェリスト　⑤完璧主義者に当てはめて考えてみてください。

73 自分が年次を重ねたうえで「前に嫌だと思っていた先輩や上司と、同じふるまいをしてしまっている」と内心感じていることはありますか。

74 あなたが初めて先輩になったとき、後輩のできなさにイラっとしたことはありますか。

75 かつて平社員だったときの自分は、先輩になった自分と比べて「部下の育成」について何を知らなかったと思いますか。

76 後輩や部下が、着任時よりできるようになったことを書いてみてください。

77 先ほど書いた、後輩や部下ができるようになったことを評価して、メールやチャットで伝えてみましょう。

78 「あなたはこれからのキャリアで幸せになる」という意識を強めるため「私ははたらくことを通じて幸せになっていい」「私がはたらいて幸せを感じるのは当然の権利だ」といった言葉を、書いてみてください。

79 あなたにはロールモデルといえるような、憧れる人がいますか。その人はどんな人ですか。

80 そのロールモデルには、どのような長所と欠点がありますか。その方を冷静に見るために、あえて欠点も書いてみましょう。

81 ロールモデルの候補をさらに広げるとしたら、どんな方がいますか。吸収したい長所ばかりを書き連ねてみましょう。

82 その人たちに話を聞くチャンスを得るために、具体的にとれるアクションを書いてみましょう（例：ランチに誘う、講演会へ行く）

83 今の仕事先では、どのような方が昇進すると思いますか。昇進の傾向を書き出してみましょう。

84 転職、副業、異動、起業、出世して社風を改革するなど、あなたが楽しくはたらく文化をつくっていくうえで、できる選択肢を書いてみましょう。妄想でもかまわないので、理想のやり方を書いてみてください。

85 理想像を書いたうえで、あなたが楽しくはたらくためにできる「等身大の選択肢」を書いてみましょう。

人と支え合い、成果を残すために（第7章の振り返り）

86 過去を思い出してください。今までに、自分が努力したのに結果を出せず、結果として巻き取られてしまった仕事はありましたか。どんな仕事でしたか。

87 仕事を巻き取られたとき、自分はどう感じましたか。

88 その当時の自分が、かけてもらいたかった言葉をここに書いてください。そして、音読して自分に語り掛けてください。

89 今の仕事で、周りの仕事を巻き取っていますか。または、巻き取りそうになっている業務はありますか。

90 巻き取るときに、どういう言葉をかけてあげたいですか。

91 どんな本や研修を受ければ、同僚の業務がスムーズにいくと思いますか。

92 あなたの仕事が全部で10個あるとして、そのうちいくつを周りに相談したり、頼りながら進められていますか。

93 あなたの仕事をひとつ、誰かに任せると仮定してください。その仕事について、

94 ①業務の目的　②依頼の背景　③どんな業務を任せたいか　④期限を書いてみましょう。

95 協働する訓練を積むために「簡単な頼みごとをして、お礼を言う」練習をしてみるとします。まずは誰に頼みごとをするか、身近な人を思い浮かべてみてください。

96 実際に頼みごとをするつもりで、P.220のテンプレートを参考にしながら依頼文を書いてみましょう。

97 返事が返ってきたとき、どんな感謝を伝えるか「ややオーバーに書く」ことを意識して書いてみましょう。

98 ここまでのトレーニングを踏まえ、自分がどんなやり方で周りに頼れるか、思ったことを書いてみてください。

99 もういちど、質問の9番目を見てみましょう。あなたが感じていた「行き詰まり」はどれくらい解消されましたか。

さらにあなたが楽にはたらくためには、どんな行動を起こせばいいと思いますか。明日から始められることを1つ書いてみてください。

おわりに

この本には、私が「新卒で知っていたら、苦労しなかったのに」と思った経験からの学びを、ありったけ書きました。私は人より察しが悪かったため、社会人として長らく苦労しました。だからこそノウハウを忘れずに記憶し、こうして同じ悩みを抱える方への本が書けた。そう思えば、悪くない苦労だったと思います。

この本を書くにあたり、大和書房の編集者である刑部愛香さんには、大変お世話になりました。私が好き放題書きたがる中で刑部さんがうまく手綱を握ってくださり、無事に本が刊行できました。ここにお礼申し上げます。また、執筆中は多数の方に原稿を見てもらい、フィードバックをいただきました。ご協力くださったすべての方に、厚くお礼申し上げます。

そして、いま私と共にはたらいてくださっている、最高のチームメイトたちへ。あなた方がいてくださったからこそ、この本が生まれました。ありがとうございます。

最後に、この本を読んでくださった方へ。あなたが私と同じ苦労をせずに済みますように。少しでも楽にはたらけますように。この本を通じて、ずっと応援しています。

トイアンナ

ライター・経営者

慶應義塾大学を卒業後、P&Gジャパンと LVMHグループにてマーケティングを担当。同時期にブログが最大月50万PVを記録し、2015年に独立。主にキャリアや恋愛について執筆。

近著に『二訂版　就職活動が面白いほどうまくいく　確実内定』(KADOKAWA)、『弱者男性1500万人時代』(扶桑社新書) など。

noteでは会社組織でサバイブするための方法が手に入る「会社サバイバル論」をメンバーシップで連載している。

X @10anj10　note https://note.com/toianna

えらくならずにお金《かね》がほしい
会社《かいしゃ》は教《おし》えてくれないキャリアのルール

2025年3月5日　第一刷発行

著者	トイアンナ
発行者	佐藤靖
発行所	大和《だいわ》書房 東京都文京区関口1-33-4 電話　03-3203-4511
装画	Kanna Takeda
本文デザイン・DTP	高井愛
カバーデザイン	西垂水敦 (krran)
校正	東京出版サービスセンター
編集	刑部愛香 (大和書房)
本文印刷	厚徳社
カバー印刷	歩プロセス
製本	小泉製本

ISBN978-4-479-79824-8

https://www.daiwashobo.co.jp